VAN HAVERE 1965

CATHERINE BLUM

PAR

ALEXANDRE DUMAS.

1

PARIS
ALEXANDRE CADOT, ÉDITEUR,
37, RUE SERPENTE.

1854

CATHERINE BLUM.

Ouvrages de A. de Gondrecourt.

EN VENTE

Le Baron La Gazette.	5 vol.
Mademoiselle de Cardonne.	3 vol.
Aventures du Chevalier de Pampelonne.	5 vol.
Les Prétendants de Catherine.	5 vol.
Le Bout de l'oreille.	7 vol.
La Tour de Dago.	5 vol.
Un Ami diabolique.	3 vol.
Le Legataire.	2 vol.
Les Péchés mignons.	5 vol.
Médine.	2 vol.
La Marquise de Candeuil.	2 vol.
Les derniers Kerven.	2 vol.

Ouvrages du Marquis de Foudras.

EN VENTE

Un Drame en Famille	5 vol.
Un Grand Comédien.	3 vol.
Le Chevalier d'Estagnol.	6 vol.
Diane et Vénus.	4 vol.
Madeleine Repentante (*suite du Caprice*).	4 vol.
Un Capitaine de Beauvoisis.	4 vol.
Jacques de Brancion	5 vol.
Les Gentilshommes chasseurs	2 vol.
Le Capitaine La Curée.	4 vol.
Les Viveurs d'autrefois	4 vol.
Les Chevaliers du Lansquenet	10 vol.
Madame de Miremont.	2 vol.
Lord Algernon (*suite de madame de Miremont*).	4 vol.
La comtesse Alvinzi.	2 vol.
Lilia la Tyrolienne (*épuisé*).	4 vol.
Tristan de Beauregard (*épuisé*).	4 vol.
Un Caprice de grande dame (in-18)	3 vol.
Suzanne d'Estouville (in-18)	2 vol.

Ouvrage d'Alexandre Dumas.

LA COMTESSE DE SALISBURY.

6 volumes in-8.

On vend séparément les derniers volumes pour compléter la première édition.

Imprimerie de E. Lépée, à Sceaux.

CATHERINE BLUM

PAR

ALEXANDRE DUMAS.

1

PARIS
ALEXANDRE CADOT, ÉDITEUR,
37, RUE SERPENTE.

1854

I

Avant le récit.

Tu me disais hier, mon enfant :

— Cher père, tu ne fais pas assez de livres comme *Conscience*.

Ce à quoi je t'ai répondu :

— Ordonne : tu sais bien que je fais tout

ce que tu veux. Explique-moi le livre que tu désires, et tu l'auras.

Alors, tu as ajouté :

— Eh bien ! je voudrais une de ces histoires de ta jeunesse, un de ces petits drames inconnus du monde, qui se passent à l'ombre des grands arbres de cette belle forêt dont les profondeurs mystérieuses t'ont fait rêveur, dont le mélancolique murmure t'a fait poète ; un de ces événements que tu nous racontes parfois en famille, pour te reposer des longues épopées romanesques que tu composes ; — événements qui, selon toi, ne valent pas la peine d'être écrits. Moi, j'aime ton pays, que je ne connais pas, que j'ai vu de loin à travers tes souvenirs, comme on voit un paysage à travers un rêve !

Oh! et moi aussi, je l'aime, mon bon pays, mon cher village! — car ce n'est guères autre chose qu'un village, quoiqu'il s'appelle *bourg* et s'intitule *ville* ; — je l'aime à en fatiguer, non pas vous autres, mes amis, mais les indifférents. Je suis, à l'endroit de Villers-Cotterets, comme mon vieux Rusconi est à l'endroit de Colmar : pour lui, Colmar est le centre de la terre, l'axe du globe; l'univers tourne autour de Colmar! c'est à Colmar qu'il a connu tout le monde : Carrel! « Où avez-vous donc connu Carrel, Rusconi? — J'ai conspiré avec lui à Colmar, en 1821. » Talma! « Où avez-vous donc connu Talma, Rusconi! — Je l'ai vu jouer à Colmar, en 1816. » Napoléon! « Où avez-vous donc connu Napoléon, Rusconi? — Je l'ai vu passer à Colmar, en 1808. » Eh bien! tout date pour moi de Villers-Cotterets, comme tout date de Colmar pour Rusconi.

Seulement, Rusconi a sur moi cet avantage ou ce désavantage de n'être pas né à Colmar : il est né à Mantoue, la ville ducale, la patrie de Virgile et de Sordello, — tandis que moi, je suis né à Villers-Cotterets.

Aussi, tu le vois, mon enfant, ne faut-il pas me presser beaucoup pour me faire parler de ma bien-aimée petite ville, dont les maisons blanches, groupées dans le fond du fer à cheval que forme son immense forêt, ont l'air d'un nid d'oiseaux que l'église, avec son clocher au long col, domine et surveille comme une mère. Tu n'as qu'à ôter de mes lèvres le sceau qui y clot mes pensées et y enferme mes paroles, pour que pensées et paroles s'en échappent vives et pétillantes comme la mousse du cruchon de bière, qui nous fait jeter un cri et nous écarte les uns des autres à notre table d'exil, ou comme celle du vin de Champagne, qui nous arrache un sourire et nous rapproche en nous rappelant le soleil de notre pays.

En effet, n'est-ce pas là que j'ai véritablement vécu, puisque c'est là que j'ai attendu la vie ? On vit par l'espérance bien plus que par la réalité. Qui fait les horizons d'or et d'azur ? Hélas ! mon pauvre enfant, tu sauras cela un jour : c'est l'espérance !

Là, je suis né ; là, j'ai jeté mon premier cri de douleur ; là, sous l'œil de ma mère, s'est épanoui mon premier sourire ; là, j'ai couru, tête blonde aux joues roses, après ces illusions juvéniles qui nous échappent ou qui, si on les atteint, ne nous laissent aux doigts qu'un peu de poussière veloutée, et qu'on appelle des papillons. Hélas! c'est encore vrai et étrange ce que je vais te dire : on ne voit de beaux papillons que lorsqu'on est jeune; plus tard viennent les guêpes, qui piquent; puis les chauve-souris, qui présagent la mort.

Les trois périodes de la vie, peuvent se résumer ainsi : jeunesse, âge mûr, vieillesse; — papillons, guêpes, chauves-souris!

C'est là que mon père est mort. J'avais l'âge où l'on ne sait pas ce que c'est que la mort, et où l'on sait à peine ce que c'est qu'un père.

C'est là que j'ai ramené ma mère morte; c'est dans ce charmant cimetière — qui a bien plus l'air d'un enclos de fleurs à faire jouer des enfants que d'un champ funèbre où coucher des cadavres -- qu'elle dort côte à côte avec le soldat du camp de Maulde et le général des Pyramides. Une pierre que la main d'une amie a étendue sur leur tombe les abrite tous deux.

A leur droite et à leur gauche gisent les grands parents, le père et la mère de ma mère, des tantes dont je me rappelle le nom, mais dont je ne vois le visage qu'à travers le voile grisâtre des longues années.

C'est là, enfin, que j'irai dormir à mon tour, le plus tard possible, mon Dieu! car ce sera bien malgré moi que je te quitterai, mon cher enfant !

Ce jour-là, je retrouverai, à côté de celle qui m'a allaité, celle qui me berça : la maman Zine, dont je parle dans mes *Mémoires*, et près du lit de laquelle le fantôme de mon père est venu me dire adieu !

Comment n'aimerais-je point à parler de cet immense berceau de verdure où chaque chose est pour moi un souvenir ? Je connaissais tout, là-bas, non-seulement les gens de la ville, non-seulement les pierers des maisons, mais encore les arbres de la forêt ! Au fur et à mesure que ces souvenirs de ma jeunesse ont disparu, je les ai pleurés. Têtes blanches de la ville, cher abbé Grégoire, bon capitaine Fontaine, digne père Niguet, cher cousin Deviolaine, j'ai essayé parfois de vous faire revivre ; mais vous m'avez presque effrayé, pauvres fantômes, tant je vous ai trouvés pâles et muets malgré ma tendre et amicale évocation ! Je vous ai pleurés, pierres sombres du cloître de Saint-Remy, grilles colossales, escaliers gigantesques, cellules étroites, cuisine cyclopéenne, que j'ai vus tomber assise par assise, jusqu'à ce que le pic et la pioche découvrissent au milieu des débris vos fondations, larges comme des bases de remparts, et vos caves, béantes comme des abîmes ! Je vous ai pleurés, vous surtout, beaux arbres du parc, géants de la forêt, familles de chênes au tronc rugueux, de hêtres à l'écorce polie et argentée, de peupliers trembleurs et de marronniers aux fleurs pyramidales, autour desquelles bourdonnaient, dans les mois de mai et de juin, des essaims d'abeilles au corps gonflé de miel, aux pattes chargées de cire! Vous êtes tombés tout à coup, en quelques mois, vous qui aviez encore tant d'années à vivre, tant de générations à abriter sous votre ombre, tant d'amours à voir passer mystérieusement et sans bruit sur le tapis de mousse que les siècles avaient étendu à vos pieds! Vous aviez connu François Ier et madame d'Etampes, Henri II et Diane de Poitiers, Henri IV et Gabrielle; vous parliez de ces illustres morts sur vos écorces creusées; vous aviez espéré que ces croissants triplement enlacés, que ces chiffres amoureusement tordus les uns aux autres, que ces couronnes de lauriers et de roses vous sauvegarderaient d'un trépas vulgaire et de ce cimetière mercantile qu'on appelle un chantier : Hélas ! vous vous trompiez, beaux arbres ! Un jour, vous avez entendu le bruit retentissant de la cognée et le sourd grincement de la scie... C'était la destruction qui venait à vous ! c'était la mort qui vous criait : « A votre tour, orgueilleux ! »

Et je vous ai vus couchés à terre, mutilés des racines au faîte, avec vos branches éparses autour de vous ; et il m'a semblé que, plus jeune de cinq mille ans, je parcourais cet immense champ de bataille qui se déroule entre Pélion et Ossa, et que je voyais étendus à mes pieds ces titans aux trois têtes et aux cent bras qui avaient essayé d'escalader l'Olympe, et que Jupiter avait foudroyés !

Si jamais tu te promènes avec moi et appuyé à mon bras, cher enfant de mon

cœur, au milieu de tous ces grands bois ;
si tu traverses ces villages épars, si tu t'assieds sur ces pierres couvertes de mousse,
si tu inclines la tête vers ces tombes, il te
semblera d'abord que tout est silencieux et
muet; mais je t'apprendrai le langage de
tous ces vieux amis de ma jeunesse, et
alors tu comprendras quel doux murmure ils font à mon oreille, vivants ou
morts.

Nous commencerons par l'orient, et
c'est tout simple : pour toi, le soleil se lève
à peine ; ses premiers rayons font encore
cligner tes grands yeux bleus où le ciel se
mire Là, nous visiterons, en appuyant un
peu au midi, ce charmant petit château de
Villers-Hellon, où j'ai joué tout enfant,
cherchant au milieu des massifs, à travers

les vertes charmilles, ces fleurs vivantes que nos jeux éparpillaient et qui s'appelaient Louise, Augustine, Caroline, Henriette, Hermine. Hélas! aujourd'hui, deux ou trois de ces belles tiges si souples sont brisées sous le vent de la mort ; les autres sont mères, quelques-unes grand'mères : — il y a quarante ans de l'époque dont je te parle, mon cher enfant, à toi qui, dans vingt ans seulement, sauras ce que c'est que quarante ans.

Puis, continuant le périple, nous traverserons Lorcy. Vois-tu cette pente rapide parsemée de pommiers, et qui trempe sa base dans cet étang à l'eau et aux herbes vertes ? Un jour, trois jeunes gens, emportés dans un char-à-bancs par un cheval imbécile ou furieux, — ils n'ont jamais bien su si c'était l'un ou l'autre, — roulaient comme une avalanche, se précipitant tout droit dans cette espèce de Cocyte ! Par bonheur, une des roues accrocha un pommier ; ce pommier fut presque déraciné ! Deux des jeunes gens furent lancés par-dessus le cheval ! l'autre, comme Absalon, resta suspendu à une branche, non point par la chevelure, — quoique sa chevelure eût fort prêté à cette pendaison, — mais par la main ! Les deux jeunes gens qui avaient été lancés par-dessus le cheval étaient, l'un mon cousin Hippolyte Leroy, dont tu m'as quelquefois entendu parler, l'autre mon ami Adolphe de Leuven, dont tu m'entends parler toujours; — le troisième, c'était moi.

Que serait-il arrivé de ma vie, et, par

conséquent de la tienne, mon pauvre enfant, si ce pommier ne se fût trouvé là, à point nommé, sur ma route?

A une demi-lieue à peu près, — toujours en nous avançant de l'est au midi, — nous devons trouver une grande ferme. Tiens, la voilà avec son corps de logis couvert de tuiles, et ses dépendances coiffées de chaume ; c'est Vouty.

Là, mon enfant, demeure encore, je l'espère, quoiqu'il doive avoir aujourd'hui plus de quatre-vingts ans, un homme qui a été à ma vie morale, si je puis m'exprimer ainsi, ce que ce bon pommier que je te montrais tout à l'heure, et qui arrêta notre char-à-bancs, a été à ma vie matérielle. Cherche dans mes *Mémoires*, et tu trouveras son nom : c'est ce vieil ami de mon père qui est entré un jour chez nous revenant de la chasse, une moitié de la main gauche emportée par son fusil qui avait crevé. Quand la rage me prit de quitter Villers-Cotterêts et de venir à Paris, au lieu de me mettre, comme les autres, des lisières aux épaules et des entraves aux jambes, il me dit : « Va ! c'est la destinée qui te pousse ! » et il me donna, pour le général Foy, cette fameuse lettre qui m'ouvrit l'hôtel du général et les bureaux du duc d'Orléans.

Nous l'embrasserons bien fort, ce bon cher vieillard à qui nous devons tant, et nous continuerons notre chemin, qui nous conduira sur une grande route, au faîte d'une montagne.

Regarde, du haut de cette montagne,

cette vallée, cette rivière et cette ville.

Cette vallée et cette rivière sont la vallée et la rivière d'Ouroy.

Cette ville c'est la Ferté-Milon, la patrie de Racine.

Il est inutile que nous descendions cette pente, et que nous entrions dans la ville : personne ne saurait nous y montrer la maison qu'habita le rival de Corneille, l'ingrat ami de Molière, le poète disgracié de Louis XIV.

Ses œuvres sont dans toutes les bibliothèques; sa statue, œuvre de notre grand sculpteur David, est sur la place publique; mais sa maison n'est nulle part, ou plutôt la ville tout entière, qui lui doit sa gloire, est sa maison.

Enfin, on sait que Racine naquit à la Ferté-Milon, tandis qu'on ignore où naquit Homère.

Voilà, maintenant, que nous marchons du midi au couchant. Ce joli village qui semble être sorti il n'y a qu'un instant de la forêt pour venir se chauffer au soleil, c'est Boursonne. Te rappelles-tu la *Comtesse de Charny*, un des livres de moi que tu préfères, cher enfant? Eh bien alors, ce nom de Boursonne t'est familier. Ce petit château, habité par mon vieil ami Hutin, c'est celui d'Isidore Charny; de ce château, le jeune gentilhomme sortait furtivement le soir, courbé sur le cou de son cheval anglais, et, en quelques minutes, il était de l'autre côté de la forêt, sous l'ombre projetée par ces peupliers : de là, il pouvait voir s'ouvrir et se fermer la fenêtre de Catherine. Une nuit, il rentra tout sanglant : une des balles du père Billot lui avait traversé le bras ; une autre lui avait labouré le flanc. Enfin, un jour, il sortit pour ne plus rentrer ; il allait accompagner le roi à Montmédy et resta couché sur la place publique de Varennes, en face de la maison de l'épicier Sausse.

Nous avons traversé la forêt du midi au couchant, en passant par le Plessis-au-Bois, la Chapelle-aux-Auvergnats, et Coyolles ; encore quelques pas, et nous sommes en haut de la montagne de Vauciennes.

C'est à cent pas derrière nous qu'un jour, ou plutôt une nuit, en revenant de Crépy, je trouvai le cadavre d'un jeune homme de seize ans. J'ai raconté, dans mes *Mémoires*, ce sombre et mystérieux drame. — Le moulin à vent qui s'élève à gauche de la route, et qui fait lentement et mélancoliquement tourner ses grandes ailes, sait seul, avec Dieu, comment les choses se sont passées. Tous deux sont restés muets ; la justice des hommes a frappé au hasard : par bonheur, l'assassin en mourant a avoué qu'elle frappait juste.

La crête de montagne que nous allons suivre, et qui domine cette grande plaine à notre droite, cette belle vallée à notre gauche, c'est le théâtre de mes exploits cynégétiques. Là, j'ai débuté dans la carrière des Nemrod et des Levaillant, les deux plus grands chasseurs, à ce que je me suis laissé dire, des temps antiques et des temps modernes. A droite, c'était le domaine des lièvres, des perdrix et des cailles ; à gauche, celui des canards sauvages, des sarcelles et des bécassines. Vois-tu cet endroit plus vert que les autres, qui semble un charmant gazon peint par Watteau ? C'est une tourbière où j'ai failli laisser mes os ; je m'y enfonçais tout doucement : par bonheur, j'eus l'idée de passer mon fusil entre mes deux jambes ; la crosse d'un côté, le bout du canon de l'autre, rencontrèrent un terrain un peu plus solide que celui où je commençais à m'engloutir ; je m'arrêtai dans cette descente verticale, qui ne pouvait manquer de me conduire tout droit aux enfers. Je criai : le meunier de ce moulin que tu aperçois d'ici, couché près de la vanne de ce grand étang accourut ; à mes cris, il me jeta la corde de son chien ; j'attrapai la corde ; il me tira à lui, et je fus sauvé. Quant à mon fusil, auquel je tenais beaucoup, qui tuait de très loin, et que je n'étais point assez riche pour remplacer, je n'eus qu'à serrer les jambes, et il fut sauvé avec moi.

Poursuivons notre chemin. Nous allons maintenant de l'occident au nord. Là-bas, cette ruine, dont un fragment se dresse pareil au donjon de Vincennes, c'est la tour de Vez, seul reste d'un manoir féodal abattu depuis longtemps. Cette tour, c'est le spectre en granit des temps passés ; elle appartient à mon ami Paillet. — Tu te rappelles cet indulgent maître clerc qui venait avec moi, en chassant de Crépy à Paris, et dont le cheval, quand nous apercevions un garde champêtre ou particulier, avait la bonté d'emporter le chasseur, son fusil, ses lièvres, ses perdreaux, ses cailles, tandis que l'autre chasseur, touriste inoffensif, se promenait les mains dans ses poches, admirant le paysage et étudiant la botanique.

Ce petit château, c'est le château des Fossés. Là s'éveillèrent mes premières sensations; de là datent mes premiers souvenirs. C'est aux Fossés que je vis mon père sortant de l'eau, d'où, avec l'aide d'Hippolyte, ce nègre intelligent qui, de peur de la gelée, jetait les fleurs et rentrait les pots, il venait de tirer trois jeunes gens qui se noyaient. L'un des trois, — celui qu'avait sauvé mon père, — s'appelait Dupuy; c'est le seul nom que je me rappelle. Hippolyte, excellent nageur, avait sauvé les deux autres.

Là cohabitaient Moquet, le garde champêtre *cauchemardé* qui mettait un piége sur sa poitrine pour prendre la mère Durand, et Pierre, le jardinier qui coupait en deux, avec sa bêche, des couleuvres du ventre desquelles sortaient des grenouilles toutes vivantes ; là, enfin, vieillissait majestueusement le vieux Truff, quadrupède non classé par M. de Buffon, moitié chien, moitié ours, sur le dos duquel on me plaçait à califourchon, et qui me permit de prendre mes premières leçons de haute école.

Maintenant, dans la direction du nord-ouest, voici Haramont, charmant village perdu sous ses pommiers, au milieu d'une clairière de la forêt, et illustré par la naissance de l'honnête Ange Pitou, le neveu de la tante Angélique, l'élève de l'abbé Fortier, le condisciple du jeune Gilbert, et le compagnon d'armes du patriote Billot. Cette illustration, contestée par des gens qui prétendent, avec quelque raison peut-être, que Pitou n'a jamais existé que dans mon imagination, étant la seule que puisse revendiquer Haramont, continuons notre route jusqu'à cette double marre du chemin de Compiègne et du chemin de Vivières, près de laquelle je reçus l'hospitalité de Boudoux, le jour où je m'enfuis de la maison maternelle pour ne pas aller au séminaire de Soissons, où j'eusse probablement été tué deux ou trois ans après par l'explosion de la poudrière, comme le furent quelques-uns de mes jeunes camarades.

Viens au milieu de cette large percée qui

va dans la direction du midi au nord, nous avons à une demi lieue derrière nous le château massif bâti par François Ier, et sur lequel le vainqueur de Marignan et le vaincu de Pavie a posé le cachet de ses salamandres, et devant nous, fermant l'horizon, une haute montagne couverte de genêts et de fougères. Un des souvenirs terribles de ma jeunesse se rattache à cette montagne. — Une nuit d'hiver où la neige avait étendu son blanc tapis sur cette longue et large allée, je m'aperçus que j'étais silencieusement suivi à vingt pas par un animal de la taille d'un gros chien, dont les yeux brillaient comme deux charbons ardents.

Je n'eus pas besoin de regarder l'animal à deux fois pour le reconnaître.

C'était un énorme loup!

Ah! si j'avais eu mon fusil ou ma carabine, ou seulement un briquet et une pierre à feu!.. Mais je n'avais pas même un pistolet, pas même un couteau, pas même un canif!

Heureusement, chasseur depuis cinq ans déjà, quoique je n'en eusse que quinze, je savais les mœurs du rôdeur de nuit auquel j'avais affaire; je savais que, tant que je serais debout, et que je ne fuirais pas, je n'avais rien à craindre. Mais regarde, mon cher enfant, la montagne est toute crevassée de fondrières; je pouvais tomber dans l'une de ces fondrières : alors, d'un seul bond, le loup serait sur moi, et il faudrait voir qui de nous deux aurait meilleures griffes et meilleures dents.

Le cœur me battit fort. Je me mis à chanter, cependant, j'ai toujours chanté abominablement faux : un loup tant soit peu musicien se fût sauvé ! Le mien ne l'était pas ; la musique, au contraire, lui plut, à ce qu'il paraît : il fit le second dessus avec un hurlement plantif et affamé. Je me tus, et je continuai ma route en silence, pareil à ces damnés à qui Satan a tordu le cou, et que Dante rencontre dans le troisième cercle de l'enfer, marchant en avant et regardant en arrière.

Mais je m'aperçus bientôt que je commettais une grave imprudence ; en regardant du côté du loup, je ne voyais pas à mes pieds ; je trébuchai, le loup prit un élan.

J'eus le bonheur de ne pas tomber tout

à fait ; mais le loup n'était plus qu'à dix pas de moi.

Pendant quelques secondes, les jambes me manquèrent ; malgré un froid de dix degrés, la sueur coulait de mon front. Je m'arrêtai : le loup s'arrêta.

Il me fallut cinq minutes pour reprendre mes forces ; ces cinq minutes, à ce qu'il paraît, semblèrent longues à mon compagnon de route : il s'assit sur son derrière et poussa un second hurlement plus affamé encore et plus plaintif que le premier.

Ce hurlement me fit frissonner jusqu'à la moëlle des os.

Je me remis en route en regardant désormais à mes pieds, m'arrêtant chaque fois que je voulais voir si le loup me suivait toujours, se rapprochait ou s'éloignait.

Le loup s'était remis en route en même temps que moi, s'arrêtant quand je m'arrêtais, marchant quand je marchais, mais maintenant sa distance, et se rapprochant même plutôt qu'il ne s'éloignait.

Au bout d'un quart-d'heure il n'était plus qu'à cinq pas de moi.

Je touchais au parc, c'est-à-dire que j'étais en ce moment à un kilomètre à peine de Villers-Cotterets; mais la route était coupée dans cet endroit par un large fossé, — ce fameux fossé que je sautai pour donner à la belle Laurence une idée de mon agilité, et où je crevai si malheureusement la culotte de nankin avec laquelle j'avais fait ma première communion, tu te rappelles ? — Ce fossé, je l'eusse bien sauté, et avec plus d'agilité encore, j'en réponds, que le jour en question ; mais, pour le sauter, il me fallait courir, et je savais qu'au quart de ma course j'aurais le loup sur les épaules.

J'étais donc obligé de faire un détour et de passer par une barrière à tourniquet. Tout cela n'eût été rien, si la barrière et le tourniquet n'eussent point été placés dans l'ombre projetée par les grands arbres du parc. Qu'allait-il se passer pendant que je traverserais cette ombre ? L'obscurité ne ferait-elle point sur le loup l'effet contraire à celui qu'elle faisait sur moi ? Elle m'effrayait : ne l'enhardirait-elle point ? Plus l'obscurité est épaisse, plus le loup y voit.

Il n'y avait pas à hésiter, cependant; je m'engageai dans l'obscurité ; je n'exagère pas en disant qu'il n'y avait pas un seul de mes cheveux qui n'eût une goutte de sueur, pas un fil de ma chemise qui ne fût trempé. En traversant le tourniquet, je jetai un coup d'œil derrière moi : l'obscurité était telle, que la forme du loup avait disparu ; on ne voyait plus dans la nuit que deux charbons ardents.

Une fois passé, je fis tourner violemment le croisillon mobile; le bruit qu'il rendit en tournant intimida le loup, qui s'arrêta une seconde; mais, presque aussitôt, il sauta si légèrement par-dessus la barrière, que je n'entendis point la neige crier sous ses pattes, et qu'il se retrouva à la même distance de moi.

Je regagnai le milieu de l'allée par la ligne la plus droite.

Je me retrouvai dans la lumière, et je revis, non plus seulement ces deux yeux terribles qui trouaient l'obscurité de leurs prunelles de flammes, mais bien mon loup tout entier.

A mesure que j'avançais vers la ville, et que son instinct l'avertissait que j'allais lui échapper, il se rapprochait davantage. Il n'était plus qu'à trois pas de moi, et, cependant, je n'entendais ni le bruit de sa marche, ni celui de sa respiration. On eût dit un animal fantastique, un spectre de loup.

Néanmoins, j'avançais toujours. Je traversai le jeu de paumes, j'entrai dans ce qu'on appelle le *Parterre*, vaste pelouse découverte et unie où je ne craignais plus les fondrières. Le loup était tellement près de moi, que, si je me fusse arrêté tout à coup, il eût donné du nez contre mes jarrets. Je mourais d'envie de frapper du pied, de battre des mains l'une contre l'autre en poussant quelque gros juron ; mais je n'osais pas ; si je l'eusse osé, sans aucun doute il eût fui ou, du moins, se fût éloigné momentanément.

Je mis dix minutes à traverser la pelouse, et j'arrivai au coin du mur du château.

Là, le loup s'arrêta ; il était à cent cinquante pas à peine de la ville.

Je continuai mon chemin sans me hâter davantage; lui, comme il avait déjà fait, s'assit sur son derrière et me regarda m'éloigner.

Quand je fus à une centaine de pas de lui, il poussa un troisième hurlement plus affamé et plus plaintif que les deux autres, et auquel répondirent d'une commune voix les cinquante chiens de la meute du duc de Bourbon.

Ce hurlement, c'était l'expression de son regret de n'avoir pu mordre quelque peu dans ma chair; il n'y avait point à s'y tromper.

Je ne sais s'il passa la nuit où il s'était arrêté, mais à peine me sentis-je en sûreté que je partis d'une course effréné, et que j'arrivai pâle et presque mort dans la boutique de ma mère.

Tu ne l'as pas connue, ma pauvre mère, sans quoi je n'aurais pas besoin de te dire qu'elle eut bien autrement peur à mon récit que je n'avais eu peur, moi, à l'action.

Elle me déshabilla, me fit changer de chemise, me bassina mon lit et me coucha, comme elle faisait dix ans auparavant; puis, dans mon lit, elle m'apporta un bol de vin chaud dont l'absorption, en me montant au cerveau doubla mes remords de n'avoir pas tenté quelque vaillantise du genre de celles qui m'avaient trotté par l'esprit tout le long du chemin pour me débarrasser de mon ennemi.

Et maintenant, mon cher enfant, permets qu'en narrateur intelligent je m'arrête sur cet épisode; je n'aurais rien de plus émouvant à te dire. D'ailleurs, la préface est aussi longue, et même plus longue qu'elle ne devrait l'être. Parmi toutes ces histoires que je t'ai racontées dix fois, choisis celle que je dois raconter au public. Mais choisis bien, tu comprends; car, si tu choisissais mal, ce n'est plus sur moi, mais bien sur toi aussi que l'ennui retomberait.

—Eh bien! père, raconte-nous l'histoire de Catherine Blum.

— Est-ce bien celle-là que tu désires?

— Oui, c'est une de celles que j'aime le mieux.

— Allons! va pour celle que tu aimes le mieux!

Ecoutez donc, ô mes chers lecteurs ! l'histoire de Catherine Blum. C'est l'enfant à qui je n'ai rien à refuser, l'enfant aux yeux bleus qui veut que je vous la raconte.

II

La maison neuve du chemin de Soissons.

Juste au milieu de l'espace situé entre le nord et l'est de la forêt de Villers-Cotterets, espace que nous avons négligé de parcourir, puisque nous avons commencé notre pèlerinage au château de Villers-Hellon, et que nous l'avons abandonné à la montagne de Vivières, s'étend, avec les ondulations d'un gigantesque serpent, la route de Paris à Soissons.

Cette route, après avoir déjà rencontré la forêt, qu'elle traverse dans la longueur d'un kilomètre, à Gondreville, et qu'elle écorne à la Croix-Blanche; après avoir laissé à sa gauche le chemin de Crépy; après avoir fléchi un instant devant les carrières de la Fontaine-Eau-Claire; après s'être précipitée dans la vallée de Vauciennes; après l'avoir remontée; après avoir, d'une ligne assez droite, gagné Villers-Cotterets, qu'elle occupe par un angle obtus, sort à l'extrémité opposée de la ville, et va, à angle droit, au pied de la montagne de Dampleux, côtoyer, d'un côté, la forêt, et de l'autre, la plaine où s'élevait autrefois cette belle abbaye de

Saint-Denis dans les ruines de laquelle j'ai si joyeusement couru étant enfant, et qui, aujourd'hui, n'est plus qu'une jolie petite maison de campagne habillée de blanc, coiffée d'ardoises, parée de contrevents verts, et perdue au milieu des fleurs, des pommiers et du feuillage mouvant des trembles.

Puis elle entre résolument dans la forêt, qu'elle occupe dans toute son épaisseur, pour n'en sortir, deux lieues et demie plus loin, qu'au relai de poste nommé Vertefeuille.

Pendant cette longue traversée, une seule maison s'élève à droite du chemin; elle a été bâtie du temps de Philippe-Egalité, pour servir de demeure à un garde-chef. On l'a appelée alors la *Maison neuve*, et, quoiqu'il y ait à peu près soixante-et-dix ans qu'elle a poussé comme un champignon au pied des hêtres et des chênes gigantesques qui l'ombragent, elle a, telle qu'une vieille coquette qui se fait appeler par son nom de baptême, conservé l'appellation juvénile sous laquelle elle a d'abord été connue.

Pourquoi pas? Le Pont-Neuf, bâti en 1577, sous Henri III, par l'architecte Ducerceau, se fait bien toujours appeler le Pont-Neuf!

Revenons à la maison neuve, centre des événements rapides et simples que nous allons raconter, et faisons-la connaître au lecteur par une description détaillée.

La maison neuve s'élève, en allant de

Villers-Cotterêts à Soissons, un peu au delà du Saut-du-Cerf, endroit où la route se resserre entre deux talus, et qui fut ainsi nommée parce que, à une chasse de M. le duc d'Orléans, — Philippe-Égalité, toujours : Louis-Philippe, on le sait, n'était point chasseur, — un cerf effaré sauta d'un talus à l'autre, c'est-à-dire franchit un intervalle de plus de trente pieds !

C'est en sortant de cet espèce de défilé que l'on aperçoit, à cinq cents pas en avant, à peu près, la maison neuve, bâtisse à deux étages et à toit de tuiles troué par des lucarnes, avec deux fenêtres au rez-de-chaussée et deux fenêtres au premier.

Ces fenêtres, percées sur un des côtés de la maison, regardent l'occident, c'est-à-dire Villers-Cotterets, tandis que sa face, tournée du côté du nord, s'ouvre sur la route même par la porte qui donne entrée dans la salle du bas, et par une fenêtre qui donne jour à une chambre du haut.

La fenêtre est directement superposée à la porte.

A cet endroit, comme aux Thermopyles, où il n'y avait passage que pour deux chars, la route se réduit à la largeur de son pavé, resserrée qu'elle est, d'un côté par la maison, de l'autre par le jardin de cette même maison, qui, au lieu d'être situé, comme d'habitude, derrière la bâtisse ou sur un de ses flancs, est situé en face d'elle.

La maison a un aspect différent, selon les saisons.

Au printemps, vêtue de sa vigne verte comme d'une robe d'avril, elle se chauffe amoureusement au soleil ; on dirait alors qu'elle est sortie de la forêt pour venir se coucher au bord de la route. Ses fenêtres, et surtout une des fenêtres du premier étage, sont garnies de ravenelles, d'anthémis, de cobéas et de volubilis qui leur font des stores de verdure tout brodés de fleurs d'argent, de saphir et d'or. La fumée qui s'échappe de sa cheminée n'est qu'une vapeur bleuâtre et transparente laissant à peine sa trace dans l'atmosphère. Les deux chiens qui habitent les deux compartiments de la niche bâtie à la droite de sa porte sont sortis de leur abri de planches ; l'un est couché et dort paisiblement le museau allongé entre ses deux pattes ; l'autre, qui sans doute a assez dormi pendant la nuit, est gravement assis sur son derrière, et, la face ridée, cligne des yeux au soleil. Ces deux chiens, qui appartiennent invariablement à la vénérable race des bassets à jambes torses, race qui s'honore d'avoir eu mon illustre ami Decamps pour son peintre ordinaire, sont, invariablement encore, une femelle et un mâle; la femelle s'appelle *Ravaude*, et le mâle *Barbaro*. Sur ce dernier point, cependant, c'est-à-dire sur celui des noms, on comprend que ce serait se montrer systématique que d'être absolu.

En été, c'est autre chose : la maison fait la sieste; elle a fermé ses paupières de bois; aucun jour n'y pénètre. Sa cheminée reste sans haleine et sans respiration; la porte seule, située au nord, demeure ouverte pour surveiller la route; les deux bassets sont ou rentrés dans leur niche, aux profondeurs de laquelle le voyageur n'aperçoit qu'une masse informe, ou étendus le long du mur, au pied duquel ils cherchent à la fois la fraîcheur de l'ombre et l'humidité de la pierre.

En automne, la vigne a rougi; la robe verte du printemps a pris des tons chauds et miroitants comme en ont le velours et le satin qui ont été portés. Les fenêtres s'entrebâillent; mais aux ravenelles et aux anthémis, fleurs des saisons printanières, ont succédé les reines-marguerites et les chrysanthêmes. La cheminée recommence à éparpiller dans l'air de blancs flocons de fumée, et, quand on passe devant la porte, le feu qui brûle dans l'âtre, quoique à moitié voilé par la marmite où bout le pot-au-feu, et par la casserole où cuit la gibelotte, tire l'œil du voyageur.

Ravaude et Barbaro ont secoué la somnolence du mois d'avril et le sommeil du mois de juillet : ils sont pleins d'ardeur et même d'impatience ; ils tirent leur chaîne, ils aboient, ils hurlent ; ils sentent que l'heure de l'activité est venue pour eux, que la chasse est ouverte, et qu'il faut faire la guerre, et une guerre sérieuse, à leurs ennemis éternels, lapins, renards et même sangliers.

En hiver, l'aspect devient morne : la maison a froid, elle grelotte. Plus de robe verte ou rouge changeant; la vigne a laissé tomber ses feuilles une à une avec ce triste murmure des feuilles qui tombent; elle étend sur la muraille ses nerfs décharnés. Les fenêtres sont hermétiquement fermées; toute fleur en a disparu, et l'on n'aperçoit plus que les ficelles, détendues comme celles d'une harpe au repos, où montaient les volubilis et les cobéas absents. Une énorme colonne de fumée opaque qui s'échappe en spirale de la cheminée indique que, le bois étant un des bénéfices du garde, on ne ménage pas le bois. Quant à Ravaude et à Barbaro, on les chercherait en vain dans leur niche vide ; mais, si, par hasard, la porte de la maison s'ouvre au moment où passe le voyageur, et qu'il plonge un regard curieux dans l'intérieur de la maison, il pourra les apercevoir se dessinant en vigueur sur la flamme du foyer, d'où les écarte à chaque instant le coup de pied du maître ou de la maîtresse de la maison, et où, cependant, ils reviennent obstinément chercher une chaleur de cinquante degrés qui leur brûle les pattes et le museau, et qu'ils ne combattent qu'en tournant mélancoliquement la tête à droite ou à gauche, et en levant alternativement, et avec un cri plaintif, l'une ou l'autre patte.

Voilà ce qu'était et qu'est encore, — moins les fleurs peut-être, qui tiennent toujours à la présence de quelque jeune fille au cœur tendre et inquiet, — la maison neuve du chemin de Soissons, vue à l'extérieur.

Vue à l'intérieur, elle offrait d'abord aux rez-de-chaussée la grande salle d'entrée que nous avons entrevue, meublée d'une table, d'un buffet et de six chaises de noyer, les murailles *ornées* de cinq ou six gravures représentant, selon les différentes périodes des gouvernements qui se sont succédé, soit Napoléon, Joséphine, Marie-Louise, le roi de Rome, le prince Eugène et la mort de Poniatowski ; soit le duc d'Angoulême, la duchesse d'Angoulême, le roi Louis XVIII, son frère Monsieur et le duc de Berry ; soit enfin le roi Louis-Philippe, la reine Marie-Amélie, le duc d'Orléans et un groupe d'enfants blonds et bruns composé du duc de Nemours, du prince de Joinville, du duc d'Aumale et des princesses Louise, Clémentine et Marie.

Aujourd'hui, je ne sais plus ce qu'il y a.

Au-dessus de la cheminée, trois fusils à

deux coups, accrochés, se sèchent, dans des linges graissés, de la dernière pluie ou du dernier brouillard.

Derrière la cheminée s'étend un fournil donnant sur la forêt par une petite fenêtre.

Accolée à la face orientale, rampe une cuisine ajoutée au bâtiment un jour que, la maison s'étant trouvée trop petite pour ses habitants, il fallut transformer en chambre l'ancienne cuisine.

Cette chambre, qui a été cuisine, c'est ordinairement la chambre du fils de la maison.

Au premier étage, deux autres chambres : celle du maître et de la maîtresse, c'est-à-dire du garde-chef et de sa femme, et celle de leur fille ou de leur nièce, s'ils ont une fille ou une nièce.

Ajoutons que cinq ou six générations de gardes se sont succédé dans cette maison, et que ce fut à sa porte, et dans cette première salle, que se passa, en 1829, le drame sanglant qui amena la mort du garde-chef Choron (1).

Mais, à l'époque où s'ouvre l'histoire que nous allons raconter, c'est-à-dire dans les premiers jours de mai 1829, la maison neuve était habitée par Guillaume Watrin, garde-chef de la garderie de Chavigny, par Marianne-Charlotte Choron, sa femme, qu'on appelait simplement la *mère*, et par Bernard Watrin, leur fils,

(1) Voir les *Mémoires* de l'Auteur.

qui n'était connu que sous le nom de Bernard.

Une jeune fille, — l'héroïne de cette histoire, — nommée Catherine Blum, avait aussi habité cette maison, mais, depuis dix-huit mois ne l'habitait plus.

D'ailleurs, nous dirons les causes d'absence et de présence, l'âge, l'aspect et le caractère des personnages, comme nous avons l'habitude de le faire, au fur et à mesure qu'ils entreront en scène.

Reportons-nous donc purement et simplement à l'époque que nous avons dite, à savoir, au 12 mai 1829.

Il est trois heures et demie du matin ; les premières lueurs du jour filtrent à travers les feuilles des arbres, encore vertes de ce vert virginal qui ne dure que quelques semaines ; le moindre vent fait pleuvoir une rosée glacée qui tremble à l'extrémité des branches, et roule sur les grandes herbes comme une grêle de diamants.

Un jeune homme de vingt-trois à vingt-quatre ans, blond, aux yeux vifs et intelligents, marchant de ce pas cadencé familier aux marcheurs habitués à de longues routes, vêtu du petit uniforme des gardes, c'est-à-dire de la veste bleue avec la feuille de chêne d'argent au collet, coiffé de la casquette pareille, portant le pantalon de velours à côtes, les grandes guêtres de peau à boucles de cuivre, tenant, d'une main, son fusil sur l'épaule, et de l'autre un limier en laisse, traversait le mur du parc par une de ses brèches, et, en gardant avec soin le milieu de la route, plutôt par habitude que pour éviter la rosée, dont il était trempé comme d'une pluie, — s'avançait, par la laie des fonds Houchard, vers la maison neuve du chemin de Soissons, dont il apercevait depuis bien longtemps, de l'autre côté de la route, la face occidentale, c'est-à-dire celle sur laquelle s'ouvrent les quatre fenêtres.

Au reste, arrivé à l'extrémité de la laie il vit que porte et fenêtres étaient closes. Tout dormait encore chez les Watrin.

— Bon! murmura le jeune homme, on se la passe douce chez le papa Guillaume!... Le père et la mère, je le conçois encore; mais Bernard, un amoureux! Est-ce que ça doit dormir, un amoureux?

Et il traversa la route, s'approchant de la maison dans le but évident de troubler sans remords le sommeil des dormeurs.

Au bruit de ses pas, les deux chiens sortirent de leur niche, tout prêts à aboyer, et contre l'homme et contre le limier; mais, sans doute, reconnurent-ils deux amis, car leur bouche s'ouvrit démesurément, non pas pour un aboi menaçant, mais pour un bâillement amical, en même temps que leur queue balayait joyeusement le sol, au fur et à mesure que s'avançaient les deux nouveaux-venus, qui, du reste, sans appartenir positivement à la maison, ne lui paraissaient pas tout à fait étrangers.

Parvenu au seuil, le limier familiarisa avec les deux bassets, tandis que le garde, posant à terre la crosse de son fusil, cognait du poing contre la porte.

Rien ne répondit à ce premier appel.

— Ohé! père Watrin! grogna le jeune homme en frappant une seconde fois avec plus d'énergie encore que la première, est-ce que vous êtes devenu sourd, par hasard?

Et il appliqua son oreille contre la porte.

— Enfin, dit-il après un instant d'attention, c'est bien heureux!

Cette phrase de satisfaction lui était arrachée par un léger bruit qu'il entendait à l'intérieur.

Ce bruit, qu'affaiblissaient la distance et surtout l'épaisseur de la porte, était celui de l'escalier, qui craquait sous les pas du vieux garde-chef.

Le jeune homme avait l'oreille trop exercée pour se tromper à ce bruit et prendre le pas d'un homme de cinquante ans pour celui d'un garçon de vingt-cinq. Aussi murmura-t-il :

— Ah! c'est le père Guillaume.

Puis, tout haut :

— Bonjour, père Guillaume! cria-t-il. Ouvrez : c'est moi!

— Ah! ah! dit une voix venant de l'intérieur, c'est toi, François?

— Parbleu! qui voulez-vous que ce soit?

— On y va! on y va!

— Bon! prenez le temps de passer vos culottes... On n'est pas pressé, quoiqu'il ne fasse pas chaud... Brrrou!...

Et le jeune homme frappa alternativement de chacun de ses deux pieds contre terre, pendant que le limier s'asseyait grelottant et tout trempé de rosée, comme son maître.

En ce moment, la porte s'ouvrit, et l'on vit apparaître la tête grisonnante du vieux garde, ornée, si matin qu'il fût, d'un brûle-gueule.

Il est vrai que ce brûle-gueule n'était pas encore allumé.

Ledit brûle-gueule, qui avait commencé par être une pipe, et qui était devenu brûle-gueule par suite des accidents divers qui avaient successivement raccourci son tuyau, ne quittait les lèvres de Guillaume Watrin que le temps sctrictement nécessaire à son propriétaire pour en expulser la vieille cendre et y introduire le tabac frais ; puis il reprenait, au côté gauche de sa bouche, entre deux dents creusées en tenailles, sa place accoutumée.

Il y avait encore un cas où le brûle-gueule fumait à la main du père Guillaume, au lieu de fumer à ses lèvres : c'était le cas où son inspecteur lui faisait l'honneur insigne de lui adresser la parole.

Alors le père Guillaume tirait respectueusement son brûle-gueule de sa bouche, s'essuyait proprement les lèvres avec la manche de sa veste, passait derrière son dos la main qui tenait la pipe et répondait.

Le père Guillaume semblait avoir été élevé à l'école de Pythagore : quand il ouvrait la bouche pour faire une question, la question était toujours faite de la façon la plus brève ; quand il ouvrait la bouche pour répondre à une question, la réponse était toujours faite de la façon la plus concise.

Nous avons eu tort de dire : *quand le père Guillaume ouvrait la bouche,* jamais la bouche du père Guillaume ne s'était ouverte que pour bâiller, en supposant même, —

ce qui n'est point probable, — qu'il eût bâillé jamais.

Le reste du temps, la mâchoire du père Guillaume, habituée à maintenir entre ses dents un fragment de pipe qui souvent n'avait pas plus de six ou huit lignes de tuyau, ne se desserrait point ; il en résultait un sifflement qui n'était pas sans analogie avec celui du serpent, les paroles étant obligées de s'échapper à travers l'écartement des deux mâchoires, écartement produit par l'épaisseur du tuyau de la pipe, mais qui à peine offrait un vide à pouvoir y glisser une pièce de cinq sous.

Quand la pipe avait quitté la bouche de Guillaume, soit pour donner à son maître le loisir de la vider ou la faculté de la remplir, soit pour lui permettre de répondre à quelque haut personnage, les paroles, au lieu d'être plus faciles, devenaient plus vibrantes; le sifflement, au lieu de diminuer, augmentait, et c'était tout simple : le tuyau de la pipe ne desserrant plus la mâchoire, les dents de la mâchoire supérieure pesaient sur celles de la mâchoire inférieure de tout le poids de l'habitude.

Alors, bien habile était celui qui pouvait entendre ce que disait le père Guillaume!

Ce point culminant de la physionomie du père Guillaume établi, achevons son portrait.

C'était, nous l'avons dit, un homme de

cinquante ans, d'une taille un peu au-dessus de la moyenne, droit et sec, avec des cheveux rares et grisonnants, d'épais sourcils, un collier de favoris encadrant son visage, de petits yeux perçants, un long nez, une bouche railleuse et un menton pointu. Sans avoir l'air d'écouter ou de voir, il avait toujours l'œil au guet, et voyait et entendait d'une merveilleuse façon, soit ce qui se faisait chez lui entre sa femme, son fils et sa nièce, soit ce qui se passait dans la forêt entre les perdrix, les lapins, les lièvres, les renards, les putois et les belettes, animaux qui, depuis le commencement du monde, se font des guerres aussi acharnées que, de l'an 774 à l'an 370 avant le Christ, s'en firent les Messéniens et les Spartiates!

Watrin avait mon père en vénération,

et m'aimait beaucoup moi-même. Il avait conservé sous un globe le verre dans lequel avait l'habitude de boire le général Dumas quand il chassait avec lui, et dans lequel aussi dix, quinze et vingt ans après, il ne manquait jamais de me faire boire moi-même lorsque nous chassions ensemble.

Tel était l'homme, qui, la pipe à la bouche, passait sa tête moqueuse par l'entrebâillement de la porte de la maison neuve du chemin de Soissons pour recevoir, à quatre heures du matin, le jeune garde qu'il avait appelé François, et qui se plaignait de n'avoir pas chaud, quoiqu'on fût, depuis un mois et vingt-sept jours, entré, au dire de Mathieu Laensberg, dans cette charmante période de l'année qui se nomme le printemps.

Voyant à qui il avait affaire, Guillaume Watrin ouvrit la porte toute grande, et le jeune homme entra.

III

Mathieu Goguelue.

François marcha droit à la cheminée, déposa son fusil dans l'angle, tandis que le limier, qui répondait au nom caractéristique de *Louchonneau*, allait s'asseoir sans façon sur les cendres, encore tièdes de la chaleur de la veille.

Ce qui avait fait donner au limier le nom

de Louchonneau, c'était un bouquet de poils roux, espèce de grain de beauté, qui lui était poussé à l'angle de la paupière, et qui le faisait, non pas continuellement, mais de temps en temps, loucher en lui tirant l'œil.

Louchonneau avait, à trois lieues à la ronde, la réputation d'être le meilleur limier de Villers-Cotterêts.

Quoique bien jeune encore pour avoir sa marquée dans le grand art de la vénerie, François, de son côté, était regardé comme un des plus habiles suiveurs de piste des environs.

Quand il y avait quelque coup à reconnaître, quelque sanglier à détourner, c'était toujours François qui était chargé de cette méticuleuse besogne.

Pour lui, la forêt, si sombre qu'elle fût, n'avait point de mystères : un brin d'herbe brisé, une feuille retournée, une touffe de poil accrochée à un buisson d'épines, lui révélaient, de la première à la dernière scène, tout un drame nocturne qui croyait n'avoir eu d'autre théâtre que le gazon, d'autres témoins que les arbres, d'autres flambeaux que les étoiles.

Comme c'était le dimanche suivant qu'avait lieu la fête de Corcy, les gardes des garderies environnant ce charmant village avaient reçu de l'inspecteur, M. Deviolaine, l'autorisation de tuer un sanglier à cette occasion. Ce sanglier, pour qu'on fût bien sûr qu'il n'échapperait point et ne ferait point faire aux chasseurs ce qu'en terme de vénerie on appelle *buisson creux*, c'était François qui avait été chargé de le détourner.

Il venait d'accomplir cette besogne avec sa conscience ordinaire, quand nous l'avons rencontré dans la laie des fonds Houchard, suivi jusqu'à la porte du père Guillaume, et entendu dire à celui-ci en battant la semelle :

— Prenez le temps de passer vos culottes... on n'est pas pressé, quoiqu'il ne fasse pas chaud !... Brrrou !...

— Comment ! répondit le père Guillaume quand François eut déposé son fusil dans la cheminée et que Louchonneau se fut assis le derrière sur les cendres, — pas chaud, au mois de mai?... Qu'aurais-tu donc chanté, si tu avais fait la campagne de Russie, frileux?

— Un instant! quand je dis : *Pas chaud*, vous comprenez bien, père Guillaume, c'est une manière de parler... Je dis : Pas chaud, la nuit!... Les nuits, — vous avez dû remarquer cela, vous, — les nuits, ça ne va pas si vite que les jours, probablement parce que ça ne voit pas clair : le jour, on est en mai; la nuit, on est en février... Je ne m'en dédis donc pas, il ne fait point chaud ! Brrrou !

Guillaume s'interrompit de battre le briquet, et, regardant François du coin de l'œil et à la manière de Louchonneau :

— Eh! garçon, fit-il, veux-tu que je te dise une chose ?

— Dites, père Guillaume, répondit François, regardant de son côté le vieux garde-chef avec cet air gouailleur si particulier au paysan picard et à son voisin le paysan de l'Ile-de-France,— dites, père Guillaume! vous parlez si bien quand vous consentez à parler !

— Eh bien ! tu fais l'âne pour avoir du son !

— Je ne comprends pas.

— Tu ne comprends pas ?

— Non, parole d'honneur !

— Oui, tu dis que tu as froid pour que je t'offre la goutte !

— En vérité Dieu, non, je n'y pensais pas!.. Ça ne veut pas dire, entendez-vous bien, que, si vous me l'offriez, je la refuserais... non! Oh! non, père Guillaume! je sais trop pour cela le respect que je vous dois!

Et il resta la tête inclinée, continuant de regarder le père Guillaume avec son œil narquois.

Guillaume, sans répondre autre chose qu'un *hum!* qui indiquait ses doutes à l'égard du désintéressement et du respect de François, remit en contact son briquet avec sa pierre; au troisième coup, l'amadou prit feu en pétillant. Guillaume, d'un doigt qui paraissait complètement insensible à la chaleur, appuya l'amadou sur l'orifice de sa pipe, bourrée de tabac, et commença d'aspirer la fumée, qu'il rejeta d'abord en vapeur imperceptible, puis bientôt en flocons qui allèrent s'épaississant de plus en plus jusqu'à ce que, jugeant sa pipe suffisamment allumée et ne craignant plus de la voir s'éteindre, il rendit à ses aspirations leur calme et leur régularité ordinaires.

Pendant tout le temps qu'il avait été employé à cette grave besogne, la figure du digne garde-chef n'avait rien exprimé qu'une préoccupation sincère et concentrée ; mais, une fois l'opération menée à bien, le sourire reparut sur son visage, et s'avançant vers le buffet, d'où il tira une bouteille et deux verres :

— Eh bien ! soit, dit-il, nous allons

d'abord dire un mot au flacon de cognac, puis nous parlerons de nos petites affaires.

— Un mot! est-il chiche de sa conversation, le père Guillaume!

Comme pour donner un démenti à François, le père Guillaume emplit les deux verres bord à bord; puis, approchant le sien de celui du jeune homme, et le choquant doucement :

— A ta santé! dit-il.

— A la vôtre; à celle de votre femme! et que le bon Dieu lui fasse la grâce d'être moins entêtée!

— Bon! dit le père Guillaume avec une

grimace qui avait l'intention d'être un sourire.

Et, prenant de la main gauche son brûle-gueule, qu'il fit passer, selon son habitude, derrière son dos, il porta de la main droite, son verre à sa bouche, et le vida d'un seul trait.

— Mais attendez donc ! dit en riant François, je n'ai pas fini, et nous allons être obligé de recommencer... A celle de M. Bernard, votre fils !

Et il avala à son tour le petit verre, mais en le savourant avec plus de délicatesse et de volupté que n'avait fait le vieux garde.

Mais, à la dernière goutte, frappant du pied comme au désespoir.

— Bon! dit-il, voilà que j'ai oublié quelqu'un!

— Et qui donc as-tu oublié? demanda Guillaume en tirant avec véhémence deux bouffées de fumée de sa pipe, qui, pendant le voyage qu'elle avait fait, avait failli s'éteindre.

— Qui j'ai oublié? s'écria François; eh parbleu! mademoiselle Catherine, votre nièce!.. Ah! voilà qui n'est pas bien, d'oublier les absents!.. mais c'est que le verre est vide, tenez, père Guillaume.

Et, versant la dernière goutte du limpide alcool sur l'ongle de son pouce :

— Tenez, dit-il, topaze sur l'ongle!

Guillaume fit une grimace qui signifiait :

« Farceur, je connais ton plan; mais, en faveur de l'intention, je l'excuse! »

Le père Guillaume parlait peu, comme nous l'avons dit, mais, en revanche, il avait poussé à son plus haut degré la science de la pantomime.

Sa grimace faite, il prit la bouteille, et versa de telle façon, que le verre déborda dans la soucoupe.

— Tiens! dit-il.

— Oh! oh! reprit François, il n'a pas lésiné, cette fois-ci, le père Guillaume! On voit bien qu'il l'aime sa jolie petite nièce!

Puis, portant le verre à ses lèvres avec un enthousiasme dont la jeune fille et la liqueur pouvaient chacune réclamer leur part :

— Eh qui ne l'aimerait pas, dit-il, cette chère demoiselle Catherine? c'est comme le cognac !

Et, cette fois, suivant l'exemple que lui avait donné le père Guillaume, il vida le verre d'un seul trait.

Le vieux garde accomplit le même mouvement et la même action avec une régularité toute militaire ; seulement chacun exprima d'une façon différente la satisfaction que lui causait la liqueur en traversant le thorax :

— Hum ! fit l'un.

— Houch ! fit l'autre.

— Est-ce que tu as encore froid? demanda le père Guillaume.

— Non, dit François, au contraire, j'ai chaud!

— Eh bien! alors, ça va mieux?

— Ma foi! oui, me voilà au beau fixe, comme votre baromètre, saperlotte!

— En ce cas, dit le père Guillaume abordant la question que ni l'un ni l'autre n'avait encore effleurée, nous allons un petit peu parler du sanglier.

— Oh! le sanglier, fit François en clignant de l'œil, cette fois-ci, je crois que nous le tenons, père Guillaume!

— Oui, comme la dernière fois! dit une

voix aigre et railleuse qui, grinçant tout à coup derrière les deux gardes, les fit tressaillir.

Tous deux se retournèrent en même temps et d'un seul mouvement, quoiqu'ils eussent parfaitement reconnu l'individu auquel appartenait cette voix.

Mais celui-ci, avec les habitudes d'un familier de la maison, passa derrière les deux gardes, se contentant d'ajouter aux quelques paroles qu'il avait dites :

— Bonjour, père Guillaume, et votre compagnie.

Et il alla s'asseoir vers la cheminée, qu'il aviva en jetant sur les cendres une fraction de fagot qui prit feu en pétillant, au contact de la première allumette qu'il en approcha.

Puis, tirant de la poche de sa veste trois ou quatre pommes de terre, il les enfonça côte à côte dans la cendre, qu'il ramena dessus avec une précaution toute gastronomique.

Celui qui venait d'arriver juste à temps pour interrompre, dès la première phrase, le récit qu'allait commencer François, mérite, par le rôle qu'il va jouer dans cette histoire, que nous tentions d'esquisser son portrait physique et moral.

C'était un garçon de vingt à vingt-deux ans, aux cheveux roux et plats, au front abaissé, aux yeux louches, au nez camard, à la bouche avancée, au menton fuyant, à la barbe rare et sale. Son cou, mal caché par le col déchiré de la chemise, laissait voir cette espèce de loupe si commune dans le Valais, mais, par bonheur, si rare chez nous, qu'on appelle un goître. Ses bras, gauchement attachés, semblaient démesurément longs, et donnaient à sa marche traînante et en quelque sorte endormie l'allure familière à ces grands singes que M. Geoffroy Saint-Hilaire, le grand classificateur, a désignés, je crois, sous le nom de chimpanzés. Accroupi sur ses talons ou assis sur un tabouret, la ressemblance de l'homme manqué avec le singe accompli devenait encore plus frappante ; car, alors, comme font ces caricatures du bipède humain, il pouvait à l'aide de ses mains ou de ses pieds, ramasser à terre ou attirer à lui, — et cela, presque sans mouvement de son torse, aussi mal moulé que le reste de son individu, — les différents objets dont il avait besoin. Enfin, toute cette disgracieuse personne était supportée par des pieds qui eussent pu rivaliser, en grandeur et en largeur, avec ceux de Charlemagne, et qui, à défaut du nom, eussent pu donner l'étalon de cette mesure que, d'après et depuis l'illustre chef de la race carlovingienne, on a appelée un *pied de roi*.

Quant au moral, la part de faveurs que la nature avait départie au pauvre diable était encore plus restreinte qu'au physique. Tout au contraire de ces vilains et sales fourreaux qui parfois renferment une belle et bonne rapière, le corps de Mathieu Goguelue, — c'était le nom du personnage dont nous nous occupons,—le corps de Mathieu Goguelue renfermait une méchante âme. Etait-il naturellement ainsi, ou avait-il essayé de faire souffrir les autres parce que les autres le faisaient souffrir? C'est ce que nous laissons à débattre et à résoudre à plus savant que nous touchant cette philosophique matière de la réaction du physique sur le moral. Tant il y avait, au moins, que tout être plus faible que Mathieu jetait un cri du moment où Mathieu le touchait : l'oiseau, parce qu'il lui arrachait ses plumes ; le chien, parce qu'il lui marchait sur la patte ; l'enfant, parce qu'il lui tirait les cheveux. En échange, avec les forts, Mathieu, sans cesser d'être railleur, était humble ; en recevait-il une insulte, un outrage, un coup, si vive que fût l'insulte, si grave que fût l'outrage, si violent que fût le coup, si poignante que fût la douleur morale ou physique, le visage de Mathieu continuait à sourire de son sourire hébété ; mais, injure, outrage, coup, s'enregistraient au fond du cœur de Mathieu en lettres indélébiles : un jour ou l'autre, sans que l'on pût deviner d'où le mal venait, le mal était rendu au centuple, et Mathieu avait, au plus profond de son for intérieur, un moment de sombre et sinistre joie qui souvent lui faisait dire en lui-même qu'il était heureux du mal qu'on lui avait fait, par la satisfaction que lui causait le mal qu'il avait rendu.

Au reste, il faut l'avouer à la décharge de sa mauvaise nature, sa vie avait toujours été précaire et douloureuse. Un jour, on l'avait vu sortir d'une espèce de ravin, où, sans doute, l'avaient abandonné ces espèces de bohémiens rôdeurs qui traversent les grandes forêts. Il avait trois ans ; il était à moitié nu ; à peine parlait-il. Le paysan qui l'avait rencontré se nommait Mathieu ; le ravin d'où il sortait se nommait le fond Goguelue ; l'enfant fut appelé Mathieu Goguelue. De baptême, il n'en fut jamais question ; Mathieu n'avait pas pu dire s'il était ou non baptisé. D'ailleurs, qui se serait occupé de l'âme, quand le corps était dans une si misérable position, qu'il ne pouvait vivre que par l'aumône et la maraude ?

C'était ainsi qu'il était arrivé à l'âge d'homme. Quoique mal bâti et laid, Mathieu était vigoureux ; quoique hébété en apparence, Mathieu était fin et rusé. S'il fût né dans l'Océanie, sur les rives du Sénégal ou dans les mers du Japon, les sauvages eussent pu dire de lui ce qu'ils disent des singes : « Ils ne parlent pas de peur qu'on ne les prenne pour des hommes, et qu'on ne les fasse travailler ! »

Mathieu feignait d'être faible ; Mathieu feignait d'être idiot ; mais, si une occasion se présentait pour lui où il fût obligé de déployer sa vigueur, ou de faire preuve de son intelligence, Mathieu alors montrait, ou la force brutale de l'ours, ou la ruse profonde du renard ; et, une fois le danger passé ou le désir satisfrit, Mathieu redevenait Mathieu, le Mathieu de tout le monde, le Mathieu connu, raillé, impotent, idiot.

L'abbé Grégoire — cet excellent homme

dont j'ai parlé dans mes *Mémoires*, et qui est appelé à jouer un rôle dans ce livre, — avait eu pitié de cette pauvre organisation cérébrale : se reconnaissant le tuteur né du misérable orphelin, il avait voulu le faire avancer d'un degré dans la chaîne des êtres, et, de cette espèce de polype, faire un animal ; en conséquence, pendant un an, il s'était tué le corps et damné l'âme pour lui apprendre à lire et à écrire. Au bout d'un an, Mathieu était sorti des mains du digne prêtre avec la réputation d'un âne bâté et archibâté. L'opinion commune, c'est-à-dire celle des condisciples de Mathieu, l'opinion particulière, c'est-à-dire celle du maître, était que Mathieu ne connaissait pas un O, et ne savait pas faire un I ; mais condisciples et précepteur se trompaient ; opinion commune et opinion particulière étaient en défaut. Mathieu ne lisait point comme M. de Fontanes, qui passait pour le meilleur lecteur de son époque, mais Mathieu lisait et même assez couramment. Mathieu n'écrivait pas comme M. Prudhomme, élève de Brard et de Saint-Omer, mais Mathieu écrivait, et même assez lisiblement. Seulement, personne n'avait jamais vu Mathieu lisant ni écrivant.

De son côté, le père Guillaume avait essayé de tirer Mathieu de son abrutissement physique, par le même sentiment qui avait poussé l'abbé Grégoire à le tirer de son abrutissement moral, c'est-à-dire par cette douce miséricorde pour son semblable et cet instinct de dignité pour soi-même qui existent dans tous les bons cœurs. Il avait remarqué dans Mathieu une certaine aptitude à imiter le chant des oiseaux, à contrefaire le cri des animaux sauvages, à suivre une piste ; il avait reconnu qu'avec son œil louche, Mathieu voyait parfaitement un lapin ou un lièvre au gîte ; il s'était aperçu plus d'une fois qu'il lui manquait de la poudre dans sa poire et du plomb dans son sac, et il en avait auguré que, comme il n'est pas absolument nécessaire d'être taillé sur le modèle de l'Apollon ou sur celui de l'Antinoüs pour faire un bon garde, peut-être arriverait-il à utiliser les dispositions de Mathieu, et à faire de lui un garde-adjoint passable. Dans ce but, il avait parlé de Mathieu à M. Deviolaine, lequel avait autorisé le père Guillaume à mettre un fusil aux mains de son protégé. Le fusil avait donc été mis aux mains de Mathieu, mais au bout de six mois d'exercice dans son nouvel apprentissage, Mathieu avait tué deux chiens et blessé un rabatteur, sans jamais avoir touché une pièce de gibier. Alors le père Guillaume, convaincu que Mathieu avait tous les instincts du braconnier! mais ne possédait aucune des qualités du garde, lui avait repris le fusil dont il faisait un si maladroit usage, et Mathieu, insensible à cet affront, qui lui fermait, cependant, la brillante perspective qui, un instant, lui avait été ouverte, et qui eût ébloui des yeux moins insouciants ou moins philosophes que les siens, avait repris, sans vergogne, sa vie de vagabondage et de maraude.

Dans cette existence errante, la maison neuve du chemin de Soissons et le foyer du père Guillaume étaient une de ses haltes de prédilection, malgré la haine ou plutôt le dégoût instinctif que lui portaient la mère Madeleine — trop bonne ménagère pour ne pas voir le tort que faisait à son jardin et à son garde-manger la présence de Mathieu Goguelue — et Bernard, le fils de la maison, que nous ne connaissons encore que par le toast porté en son honneur par François, et qui semblait deviner la fatale influence que cet hôte vagabond de son foyer devait un jour avoir sur sa destinée.

Au reste, nous avons oublié de dire que, de même que tout le monde ignorait les progrès cachés que Mathieu avait faits, chez le bon abbé Grégoire, dans la lecture et l'écriture, tout le monde ignorait aussi que cette maladresse fût feinte, et que, lorsque Mathieu le voulait bien, il envoyait sa charge de plomb à un perdreau et sa balle à un sanglier avec autant de justesse qu'aucun des tireurs de la forêt.

Maintenant pourquoi Mathieu dérobait-il ses talents aux regards de ses compagnons et à l'admiration du public? C'est que Mathieu avait pensé qu'il pouvait lui être, non-seulement utile de savoir lire, écrire et tirer un coup de fusil, mais peut-être encore plus utile, dans un cas donné, qu'on le crût maladroit et illettré.

Comme on le voit, c'était donc un vilain et méchant garçon que celui qui, entrant juste au moment où François commençait son récit, avait interrompu ce récit par ces paroles dubitatives, lancées à propos du sanglier que le jeune garde croyait déjà tenir :

— Oui, comme la dernière fois !

— Oh ! la dernière fois, répliqua François, suffit ! Nous allons en causer tout à l'heure.

— Et où est-il le sanglier ? demanda le père Guillaume, auquel la nécessité d'introduire une nouvelle charge dans sa pipe laissait momentanément la langue libre.

— Il est dans le saloir, puisque François le tient, dit Mathieu.

— Non, pas encore, répondit François, mais, avant que le coucou de la Mère sonne sept heures, il y sera ! — N'est-ce pas Louchonneau ?

Le chien, que la flamme ranimée par Mathieu plongeait dans une béatitude visible, se retourna à l'appel de son maître, et fit, en balayant la cendre du foyer avec sa longue queue, entendre un petit grognement amical qui semblait répondre affirmativement à la question que celui-ci venait de lui adresser.

Satisfait de la réponse de Louchonneau, François détourna ses yeux de Mathieu Goguelue, avec un dégoût qu'il ne se donna pas même la peine de dissimuler, et reprit sa conversation avec le père Guillaume, qui, heureux d'avoir une pipe fraîche à consommer ou plutôt à consumer, s'apprêta à écouter son jeune compagnon avec complaisance et sérénité.

— Je disais comme ça, père Guillaume, reprit François, que l'animal est à un petit quart de lieue d'ici, dans le fourré des Têtes de Salmon, près du champ Meutart.... Le farceur est parti, sur les deux heures et demie du matin, du taillis du chemin de Dampleux...

— Bon! interrompit Goguelue, comment sais-tu ça, toi, puisque tu n'es parti qu'à trois heures?

— Ah! dites donc, père Guillaume, en voilà une sévère! il demande comment je sais ça, lui!... Je vais te le raconter, Louchonneau, mon ami, ça pourra te servir un jour.

François avait une mauvaise habitude qui blessait fort Mathieu : c'était d'appliquer indistinctement le nom de Louchonneau à l'homme et à l'animal, se fondant sur ce que, atteints tous les deux de la même infirmité, — quoique, à son avis, le limier louchât d'une façon bien autrement coquette que l'homme, — le même nom pouvait servir à désigner le bipède et le quadrupède.

La chose paraissait, à première vue, être aussi indifférente à l'un qu'à l'autre; mais, dans la manifestation de cette indifférence, nous devons dire que le chien seul était sincère.

François continua donc, ne se doutant point qu'il venait d'augmenter d'un nouveau grief la somme des vieilles rancunes qui aigrissaient contre lui le cœur de Mathieu Goguelue.

— A quelle heure tombe la rosée ? dit le jeune garde. A trois heures du matin, n'est-ce pas ? Eh bien! s'il était parti après la rosée tombée, il aurait foulé la terre humide, et il n'y aurait pas d'eau dans les creux de sa trace, tandis que, au contraire, il a foulé la terre sèche : la rosée est tombée ensuite, et elle a fait des abreuvoirs à rouges-gorges tout le long de sa route ; voilà !

— Quel âge a la bête ? demanda Guillaume, jugeant ou que l'observation de Mathieu n'avait qu'une médiocre importance, ou que, d'après l'explication de François,

Mathieu devait être suffisamment édifié.

— Six ou sept ans, répondit sans hésitation François ; Ragot fini !

— Allons, bien ! dit Mathieu, voilà qu'il lui a montré son acte de naissance, à présent !

— Un peu, et signé de sa griffe... — Tout le monde n'en pourrait peut-être pas faire autant !... — et, à moins qu'il n'ait des motifs de cacher son âge, je réponds que je ne me trompe pas de trois mois. — N'est-ce pas, Louchonneau ? — Tenez, voyez-vous, père Guillaume, Louchonneau dit que je ne fais pas erreur !

— Est-il seul ? demanda le père Guillaume.

— Non, il est avec sa laie, qui est pleine..

— Ah! ah!

— Tout près de mettre bas.

— Tu as donc été accoucheur de sangliers, toi? demanda Mathieu, ne pouvant prendre sur lui de laisser François continuer tranquillement son récit.

— Oh! la belle malice!... Dites donc, père Guillaume, un gaillard qui a été trouvé au milieu d'une forêt, il ne sait pas quand une laie est pleine ou quand elle ne l'est pas! Mais qu'as-tu donc appris à l'école, toi?... Puisqu'elle marche gras, imbécille! puisque sa pince s'écarte en marchant, que l'on dirait qu'elle va se fendre.

c'est qu'elle a le ventre lourd, cette pauvre bête !

— Est-ce un animal nouveau ? reprit le père Guillaume tenant à savoir si le nombre des sangliers de sa garderie augmentait, diminuait ou restait dans le même état.

— Elle, la laie, oui ! répondit François avec sa certitude ordinaire ; lui, non !... Elle, je n'ai jamais vu sa passée ; mais lui, connu ! Et voilà comment je vous disais tout à l'heure, quand ce Goguelue de malheur est entré, que j'allais revenir à mon sanglier de l'autre fois... Lui, c'est le même à qui j'ai envoyé, il y a quinze jours, une balle dans l'épaule gauche, du côté du taillis d'Yvors.

— Et qui te fait croire que c'est le même ?

— Oh ! il faut vous dire ça, à vous ! vieux limier, qui rendriez des points à Louchonneau ?... — Dis donc, Louchonneau, le père Guillaume qui demande... bon ! — Je savais bien que je l'avais touché, moi ; seulement, au lieu de lui mettre la balle au défaut de l'épaule, je la lui ai mise dans l'épaule même.

— Hum ! dit le père Guillaume secouant la tête, il n'a pas fait sang.

— Eh ! non, parce que la balle est restée entre cuir et chair, dans le lard... Aujourd'hui, la blessure, voyez-vous, est en train de guérir ; ça le démange, cet animal, de sorte qu'il s'est frotté contre le troisième chêne à gauche du puits des sarrazins... Il s'est frotté, il s'est frotté, au point qu'il en est resté un bouquet de poils à l'écorce de l'arbre. Voyez plutôt!

Et François tira de la poche de son gilet un bouquet de poils qui, humide de vieux sang caillé, venait à l'appui de son assertion.

Guillaume le prit, jeta dessus un coup d'œil de connaisseur, et, rendant à François le bouquet de poils, comme si c'eût été la chose la plus précieuse du monde :

— Ma foi! oui, il y est tout de même, garçon! dit-il, et, maintenant, c'est comme si je le voyais.

— Ah! vous le verrez encore bien mieux quand nous allons lui avoir donné son compte!

— Tu m'en fais venir l'eau à la bouche! J'ai envie d'aller, en flânant, faire un tour de ce côté-là.

— Oh! allez! je suis tranquille, vous trouverez tout comme j'ai dit... Quant à lui, il a son repaire dans le grand roncier des Têtes de Salmon... Ne faites pas de façons pour monsieur; approchez tant que vous voudrez, monsieur ne bougera point; son épouse est souffrante et monsieur est galant!

— Eh bien! j'y vas tout de même, dit le père Guillaume avec un geste de résolution qui lui fit serrer les dents, et qui raccourcit encore le tuyau du brûle-gueule déjà un peu court de plus de trois centimètres.

— Voulez-vous Louchonneau ?

— Pour quoi faire ?

— C'est vrai, vous avez des yeux : vous regarderez, et vous verrez; vous chercherez, et vous trouverez... Quant à l'homonyme de maître Mathieu, on va le remettre à la niche, après lui avoir fait le don patriotique d'un chiffon de pain, attendu qu'il a travaillé ce matin comme un amour !

— Eh ! Mathieu, dit le père Guillaume regardant avec tristesse le vagabond, qui mangeait tranquillement ses pommes de terre au coin du feu, tu entends? un écureuil, il me dira sur quel chêne il a monté; une belette, où elle a traversé la route! voilà ce que tu ne sauras jamais, toi!

— Et ce que je ne m'inquiète pas de savoir ou de ne pas savoir! A quoi diable voulez-vous que ça me serve?

Guillaume haussa les épaules à cette insouciance de Mathieu, inexplicable pour un vieux garde; puis il passa sa veste du matin, boucla ses demi-guêtres, prit son fusil par habitude, et parce qu'il n'aurait su que faire de son bras droit, s'il n'avait pas eu son fusil, donna une amicale poignée de main à François, et partit.

Quant à celui-ci, fidèle à la promesse

qu'il venait de faire à Louchonneau, tout en suivant de l'œil le père Guillaume, qui prenait la route des Têtes de Salmon, il alla droit à la huche, l'ouvrit et coupa un morceau de pain noir d'une demi-livre en murmurant :

— Oh! le vieux limier! pendant que je faisais mon rapport, les pieds lui en démangeaient!... Allons! Louchonneau, mon ami, voilà un joli croûton! Maintenant que nous avons bien travaillé, allons à la niche, et gaîment !

Et, sortant à son tour, mais par la porte du fournil, aux parois extérieures duquel était adossée la niche de maître Louchonneau, il disparut suivi de celui-ci, — pour qui le croûton de pain adoucissait

ce que ce retour à la niche avait de désa-
gréable, — et laissant, sans s'inquiéter davantage de lui, Mathieu Goguelue seul
avec ses pommes de terre.

IV

L'oiseau de mauvais augure.

A peine François fut-il hors de sa vue, que Mathieu releva la tête, et qu'une expression d'intelligence dont on eût cru sa lourde physionomie incapable passa comme un éclair sur son visage.

Puis il écouta le bruit des pas du jeune garde, qui s'éloignait, le bruit de sa voix, qui allait s'affaiblissant, et, sur la pointe du pied, il s'avança vers la bouteille d'eau-de-vie, regardant, grâce à ses yeux louches, d'un côté, la porte par laquelle était sorti le père Guillaume, de l'autre, celle par laquelle venait de disparaître François.

Alors, soulevant la bouteille, et la plaçant dans le rayon de jour qui traversait la maison comme une flèche d'or, afin de voir ce qui manquait de liquide, et ce qu'il en pouvait, par conséquent, absorber, sans trop d'inconvénient :

— Ah! le vieux cancre! dit-il; quand on pense qu'il ne m'en a pas offert!

Et, pour réparer l'oubli du père Guillaume, Mathieu approcha de ses lèvres le goulot de la bouteille et avala rapidement trois ou quatre gorgées du breuvage de flamme, comme si c'eût été la boisson la plus anodine, et cela, sans même faire entendre ni le *hum!* du père Guillaume, ni le *houch!* de François.

Puis, comme les pas de celui-ci se rapprochaient de la chambre, le vagabond alla, de sa même allure rapide et muette, reprendre sa place sur l'escabeau, au coin de la cheminée, attaquant, avec un air d'innocence qui eût trompé François lui-même, une chanson, dont le régiment des dragons de la reine, longtemps caserné au château de Villers-Cotterêts, avait laissé la tradition dans la ville.

Mathieu en était au second couplet de sa

chanson, quand François reparut sur le seuil du fournil.

Sans doute, pour témoigner du peu d'intérêt que lui causait la présence ou l'absence de François, Mathieu Goguelue allait-il continuer l'interminable romance, et aborder le second couplet : mais François, s'arrêtant devant lui :

— Allons! dit-il, voilà que tu chantes, maintenant!

— Est-il défendu de chanter? demanda Mathieu. Alors, que M. le maire fasse publier la chose à son de trompe, et l'on ne chantera plus.

— Non, répondit François, ça n'est pas défendu, mais ça va me porter malheur!

— Et pourquoi ça?

— Parce que, quand le premier oiseau que j'entends chanter le matin est une chouette, je dis : « Mauvaise affaire! »

— C'est-à-dire, alors, que je suis une chouette?... Allons! va pour la chouette... Je suis tout ce qu'on veut, moi!...

Et, rapprochant ses deux mains l'une de l'autre, après avoir pris l'indispensable précaution de cracher dedans, Mathieu Goguelue fit entendre un cri qui imitait à s'y tromper le chant triste et monotone de l'oiseau de nuit.

François lui-même en tressaillit.

— Veux-tu te taire, oiseau de mauvais augure! lui dit-il.

— Me taire ?

— Oui.

— Et si j'ai quelque chose à te chanter, moi, que diras-tu ?

— Je dirai que je n'ai pas le temps de t'écouter.... Tiens, fais-moi plutôt un plaisir.

— A toi ?

— Oui, à moi... supposes-tu donc que tu ne puisses faire plaisir à personne, ou rendre service à qui que ce soit ?

— Si fait... que demandes-tu ?

— Que tu tiennes mon fusil devant le

feu, pour qu'il sèche, pendant que je vas changer de guêtres.

— Oh! changer de guêtres! Voyez donc M. François, qui a peur de s'enrhumer.

— Je n'ai pas peur de m'enrhumer, mais je vas mettre les guêtres d'ordonnance, attendu que l'inspecteur peut venir à la chasse, et que je veux qu'il me trouve au complet, comme habillement... Eh bien! ça ne te va pas, de faire sécher mon fusil?

— Ni le tien ni un autre... Je veux qu'on m'écrase la tête entre deux pierres, comme à une bête puante, si, à partir d'aujourd'hui jusqu'au jour où l'on me portera en terre, j'en touche jamais un, de fusil!

— Eh bien ! je dis qu'il n'y aura pas de perte, pour la façon dont tu t'en sers, dit François ouvrant une espèce de soupente dans laquelle était enfermée une collection de guêtres de tout genre, et cherchant ses guêtres au milieu de celles de la famille Watrin.

Mathieu le suivit de son œil gauche, tandis que son œil droit semblait s'occuper exclusivement de la dernière pomme de terre, qu'il épluchait avec lenteur et maladresse; puis il grommela, tout en le suivant de l'œil :

— Tiens ! et pourquoi donc m'en servirais-je mieux que cela, d'un fusil, quand je m'en sers pour les autres ?.. Que l'occasion se présente de m'en servir pour mon compte, et tu verras si je suis plus manchot que toi !

— Et que toucheras-tu, si tu ne touches pas un fusil ? demanda François, le pied sur une chaise, et commençant à boucler ses longues guêtres.

— Je toucherai mes gages, donc! M. Watrin m'avait bien proposé de me faire recevoir garde-surnuméraire, mais, comme il faut servir gratis un an, deux ans, et quelquefois même trois ans, Son Altesse, merci, j'y renonce... J'aime mieux entrer domestique chez M. le maire.

— Comment domestique chez M. le maire? domestique chez M. Raisin, le marchand de bois?

— Chez M. Raisin, le marchand de bois, ou chez M. le maire, c'est tout un.

— Bon! dit François, tout en bouclant ses guêtres, et avec un mouvement d'épaules qui indiquait le mépris qu'il faisait d'un domestique.

— Ça te fâche?

— Moi? répondit François, ça m'est bien égal! Je me demande seulement, dans tout ça, ce que devient le vieux Pierre.

— Dame! fit insoucieusement Mathieu, apparemment qu'il s'en va.

— Il s'en va? répéta François avec une nuance d'intérêt pour le vieux serviteur dont il était question.

— Sans doute ! puisque je prends sa place, il faut bien qu'il s'en aille, continua Mathieu.

— Mais impossible ! reprit François ; il est dans la maison Raisin depuis vingt ans !

— Raison de plus, alors, pour que ce soit le tour d'un autre, dit Mathieu avec son méchant sourire.

— Tiens, tu es un vilain garçon, Louchonneau ! s'écria François.

— D'abord, répondit Mathieu de cet air niais qu'il savait prendre, je ne m'appelle pas Louchonneau ; c'est le chien que tu viens de reconduire à sa niche qu'on appelle Louchonneau, et non pas moi.

— Oui, tu as raison, dit Francois; et quand il a su qu'on te donnait quelquefois, par hasard, le même nom qu'à lui, il a réclamé, pauvre bête! en disant qu'il serait incapable, lui qui est le limier du père Watrin, d'aller réclamer la place du limier de M. Deviolaine, quoique la maison d'un inspecteur soit naturellement meilleure que celle d'un garde-chef; et, depuis la reclamation, tu louches toujours, c'est vrai, mais on ne t'appelle plus Louchonneau.

— Voyez-vous cela! si bien que je suis un vilain garçon, à ton avis, hein, François?

— Oh! à mon avis et à celui de tout le monde!

— Et pourquoi donc ça?

— N'as-tu pas de honte de prendre le pain de la bouche à un pauvre vieux comme Pierre ? Que va-t-il devenir sans place ! Il va être obligé de mendier pour sa femme et ses deux enfants.

— Eh bien ! tu lui feras une pension sur les cinq cents livres que tu touches par an de l'administration comme garde-adjoint.

— Je ne lui ferai pas une pension, répondit François, parce que, avec ces cinq cents francs-là, je nourris ma mère, et que, la pauvre bonne femme, elle avant tout ! mais il trouvera toujours à la maison, quand il voudra y venir, une assiettée de soupe à l'ognon et un morceau de gibelotte de lapin, l'ordinaire du garde... Domestique chez M. le maire ! continua François, qui avait achevé de boucler sa seconde guêtre ; comme ça te ressemble, de te faire domestique !

— Bah ! livrée pour livrée, dit Mathieu, j'aime mieux celle qui a de l'argent dans le gousset que celle qui a les poches vides.

— Eh ! un instant, l'ami ! s'écria François.

Puis se reprenant :

— Non, dit-il, je me trompe, tu n'es pas mon ami... Notre habit n'est point une livrée : c'est un uniforme.

— Qu'il y ait une feuille de chêne brodée au collet, ou un galon cousu à la manche, cela se ressemble diablement ! fit

Mathieu avec un mouvement de tête qui établissait par le geste en même temps que par la parole le peu de différence qu'il faisait de l'une à l'autre.

— Oui reprit, François, qui ne voulait pas que son interlocuteur eût le dernier; seulement, avec la feuille de chêne au collet, on travaille n'est-ce pas? tandis que, avec le galon à la manche, on se repose... C'est ce qui t'a fait donner la préférence au galon sur la feuille de chêne, dis, fainéant?

— C'est encore possible, répondit Mathieu.

Puis, passant tout à coup d'une idée à une autre, comme si cette idée se présentait subitement à son esprit.

— A propos, reprit-il, on dit que Catherine revient aujourd'hui de Paris...

— Qu'est-ce que c'est que ça, Catherine? demanda François.

— Eh bien! mais, dit Mathieu, Catherine, c'est Catherine, quoi! la nièce du père Guillaume, la cousine de M. Bernard, qui a fini son apprentissage de lingère et de faiseuse de modes à Paris, et qui va reprendre le magasin de mademoiselle Rigolot, sur la place de la Fontaine, à Villers-Cotterêts.

— Eh bien! après? demanda François.

— Ah! mais c'est que, si elle revenait aujourd'hui, je ne m'en irais que demain...

Il va, sans doute, y avoir noce et festin ici pour le retour de ce miroir de vertu!

— Ecoute, Mathieu, dit François d'un air plus sérieux qu'il n'avait fait jusqu'alors, quand tu parleras devant d'autres que moi de mademoiselle Catherine, dans cette maison, il faut faire attention devant qui tu en parles!

— Et pourquoi ça?

— Mais parce que mademoiselle Catherine est la fille de la propre sœur de M. Guillaume Watrin.

— Oui, et la bien-aimée de M. Bernard, n'est-ce pas?

— Quant à ça, si on te le demande, Mathieu, reprit François, je te conseille de dire que tu n'en sais rien, vois-tu!

— Eh bien! c'est ce qui te trompe : je dirai ce que je sais... On a vu ce que l'on a vu et l'on a entendu ce que l'on a entendu!

— Tiens, dit François regardant Mathieu avec une expression de dégoût et de mépris si parfaitement fondus ensemble, qu'il était impossible de comprendre lequel des deux sentiments l'emportait sur l'autre, tu as décidément eu raison de te faire laquais : c'était ta vocation, Mathieu! espion et rapporteur!... Bonne chance dans ton nouveau métier! — Si Bertrand descend, je l'attends à cent pas d'ici, au rendez-vous, c'est-à-dire au saut du cerf, entends-tu?

Et, jetant son fusil sur son épaule, de ce mouvement qui n'appartient qu'à ceux qui ont une suprême habitude du maniement de cette arme, il sortit en répétant :

— Oh! je ne m'en dédis pas, Mathieu, tu es un vilain et méchant garçon !

Mathieu le regarda s'éloigner avec son éternel sourire; puis, lorsque le jeune garde eut disparu, cet éclair d'intelligence qui n'avait fait qu'y apparaître brilla de nouveau sur son front, et d'une voix pleine de menaces grossissant à mesure que celui qui était menacé s'éloignait :

— Ah ! tu ne t'en dédis pas ! ah ! je suis un méchant garçon ! dit-il ; ah ! je tire mal ! ah ! le chien de Bernard a réclamé parce qu'on m'appelait Louchonneau comme lui! ah! je suis un espion, un fainéant, un rapporteur!... Patience! patience! patience! le monde ne finit pas encore aujourd'hui, et peut-être bien que je te revaudrai ça avant la fin du monde!

En ce moment, les planches de l'escalier qui conduisait au premier étage craquèrent, une porte s'ouvrit, et un beau et vigoureux jeune homme de vingt-cinq ans, complètement équipé en garde-chasse, moins le fusil, parut sur le seuil.

C'était Bernard Watrin, ce fils de la maison dont il a déjà été question deux ou trois fois dans les chapitres précédents.

La tenue du jeune garde était irréprochable : son habit bleu à boutons d'argent, fermé du haut en bas, dessinait une taille admirablement prise; un pantalon de velours collant, et une guêtre de cuir venant jusqu'au-dessus du genou, faisaient valoir une cuisse et une jambe du plus beau modèle; enfin, des cheveux blond-fauve et des favoris d'une teinte un peu plus chaude que les cheveux s'harmoniaient parfaitement avec des joues dont le hâle et le soleil n'avaient pu enlever la juvénile fraîcheur.

Il y avait quelque chose de si profondément sympathique dans celui que nous venons d'introduire en scène, que, malgré la fermeté de son œil bleu-clair et l'arête un peu dure de son menton — signe d'une volonté poussée jusqu'à l'entêtement — il était impossible de ne pas se sentir tout de suite entraîné vers lui.

Mais Mathieu n'était point de ceux qui se laissent aller à ces sortes d'entraînements. La beauté physique de Bernard, qui faisait un contraste si complet avec sa laideur, à lui, Mathieu, avait été constamment chez le vagabond une cause d'envie et de haine ; et, certes, s'il n'eût eu qu'à se souhaiter un malheur pour qu'un malheur double du sien arrivât à Bernard, il n'eût point hésité à se souhaiter de perdre un œil pour que Bernard perdît les deux yeux, ou de se casser une jambe pour que les deux jambes de Bernard fussent cassées.

Ce sentiment était si invincible chez lui,

que, quelque effort qu'il fît pour sourire à Bernard, il ne lui souriait jamais, comme on dit, que du bout des dents.

Ce jour-là, son sourire fut encore plus vert et plus aigre que d'habitude. Il y avait, dans ce sourire, quelque chose d'une joie contrainte et impatiente : c'était celui de Caliban au premier roulement de tonnerre présageant une tempête.

Bernard ne fit point attention à ce sourire. Lui, au contraire, semblait avoir un joyeux concert chantant la jeunesse, la vie et l'amour au fond de son cœur.

Son regard s'étendit avec étonnement, je dirai presque avec inquiétude autour de lui.

— Tiens ! dit-il, je croyais avoir entendu la voix de François... N'était-il donc pas ici tout à l'heure ?

— Il y était, c'est vrai ! mais il s'est impatienté de vous attendre, et il s'en est allé.

— Bon ! nous nous retrouverons au rendez-vous.

Et Bernard alla à la cheminée, décrocha son fusil, souffla dans les canons pour s'assurer qu'ils étaient vides et propres, amorça les deux bassinets, fit couler une charge de poudre dans chaque canon, et tira de son carnet deux bourres en feutre.

— Tiens, dit Mathieu, vous vous servez

donc toujours de bourres à l'emporte-pièce ?

— Oui, je trouve qu'elles pressent la poudre plus également... Eh bien! qu'ai-je donc fait de mon couteau ?

Bernard chercha dans toutes ses poches, mais ne put y trouver l'objet dont il avait besoin.

— Voulez-vous le mien ? demanda Mathieu.

— Oui, donne.

Bernard prit le couteau, traça deux croix sur deux balles, et glissa ces deux balles dans les canons de son fusil.

— Que faites-vous donc là, monsieur Bernard ? demanda Mathieu.

— Je marque mes balles, afin de pouvoir les reconnaître, s'il y avait contestation. Quand on tire à deux sur le même sanglier, et que le sanglier n'a qu'une balle, on n'est pas fâché de savoir qui l'a tué.

Et Bernard s'avança vers la porte.

Mathieu le suivit de son œil louche, et cet œil avait, en ce moment, une incroyable expression de férocité.

Puis, quand le jeune homme toucha presque le seuil de la porte :

— Bah! dit-il, un petit mot encore, monsieur Bernard... Du moment où c'est François, votre bichon, votre favori, votre toutou, qui a détourné le sanglier, vous savez bien que vous ne ferez pas buisson creux...

D'ailleurs, si matin que ça, les chiens n'ont pas de nez.

— Eh bien! voyons, qu'as-tu à me dire? Parle.

— Ce que j'ai à vous dire?

— Oui.

— Est-ce vrai que la merveille des merveilles arrive aujourd'hui?

— De qui veux-tu parler? demanda Bernard en fronçant le sourcil.

— De Catherine, donc!

A peine Mathieu avait-il prononcé ce nom qu'un vigoureux soufflet retentissait, appliqué sur sa joue.

Il recula de deux pas sans que l'expression de sa physionomie changeât; mais, portant sa main à la partie frappée :

— Tiens, demanda-t-il, qu'avez-vous donc ce matin, monsieur Bernard?

— Rien, répondit le garde forestier, seulement, je désire t'apprendre à prononcer désormais ce nom avec le respect que tout le monde a pour lui, et moi le premier.

— Oh ! dit Mathieu en laissant toujours une de ses mains sur sa joue, et en fouillant de l'autre à sa poche, quand vous saurez ce qu'il y a dans ce papier-là, vous aurez regret du soufflet que vous venez de me donner.

— Dans ce papier ? répéta Bernard.

— Oui.

— Voyons ce papier, alors.

— Oh ! patience !

— Voyons ce papier, te dis-je !

Et, faisant un pas vers Mathieu, il lui arracha le papier des mains.

C'était une lettre portant cette suscription :

A Mademoiselle Catherine Blum, rue Bourg-l'Abbé, n° 15, à Paris.

V

Catherine Blum.

Le simple contact de ce papier, la simple lecture de cette adresse, fit passer un frisson par tout le corps de Bernard, comme s'il eût deviné que cette lettre renfermait pour lui toute une période d'existence nouvelle, toute une série de malheurs inconnus.

La jeune fille à laquelle était adressée cette lettre, et dont nous avons déjà dit deux mots, était la fille de la sœur du père Guillaume, et, par conséquent, la cousine germaine de Bernard.

Maintenant, comment cette jeune fille portait-elle un nom allemand? comment avait-elle été élevée par d'autres que son père et sa mère? Comment se trouvait-elle en ce moment rue Bourg-l'Abbé, n° 15, à Paris? C'est ce que nous allons dire.

En 1808, une colonne de prisonniers allemands, qui venaient des champs de bataille de Friedland et d'Eylau, traversa la France, logeant militairement chez les particuliers, comme logeaient les soldats français eux-mêmes.

Un jeune Badois, blessé grièvement à la première de ces deux batailles, se trouva avoir son billet de logement chez le père Guillaume Watrin, marié depuis quatre ou cinq ans, et dans la maison duquel demeurait Rose Watrin, sa sœur, belle jeune fille de dix-sept à dix-huit ans.

La blessure de l'étranger, déjà grave au moment ou il était sorti de l'ambulance, avait tellement empiré par les marches, les fatigues et le manque de soins, que force lui fut, sur un certificat du médecin et du chirurgien de Villers-Cotterêts, MM. Lécosse et Raynal, de séjourner dans la ville natale de celui qui raconte cette histoire.

On voulut le conduire à l'hôpital; mais

le jeune soldat manifesta une telle répugnance pour cette translation, que le père Guillaume — qu'à cette époque on appelait encore Guillaume tout court, attendu que c'était un beau jeune homme de vingt-huit à trente ans, — fut le premier à lui proposer de rester à la Faisanderie.

C'est ainsi que se nommait, en 1808, la résidence de Guillaume, située à un quart de lieue à peine de la ville, sous les plus beaux et les plus grands arbres de cette partie de la forêt qu'on appelle le Parc.

Ce qui avait surtout inspiré à Frédéric Blum — tel était le nom du blessé — cette vive répugnance pour l'hôpital, c'étaient non-seulement la propreté de son hôte et de sa jeune femme, l'air excellent de la

Faisanderie et la délicieuse vue de sa petite chambre, donnant sur les parterres des gardes et les arbres verts de la forêt, mais encore, et bien plutôt, la vue de cette charmante fleur qu'on eût crue cueillie dans l'un de ces parterres, et que l'on nommait Rose Watrin.

Elle, de son côté, quand elle avait vu le jeune homme si beau, si pâle, si souffrant, prêt à être mis sur le brancard des pauvres et transporté à l'hôpital, elle avait éprouvé une si douloureuse impression, que le cœur lui avait manqué, et qu'elle avait été trouver son frère, les mains jointes et les larmes aux yeux, n'osant prononcer un seul mot, mais bien plus éloquente par son silence qu'elle ne l'eût été par les paroles les plus pressantes de la terre.

Watrin avait compris tout ce qui se passait dans l'âme de sa sœur, et, poussé moins encore par le désir de la jeune fille que par ce fond de pitié qu'on est toujours sûr de rencontrer dans les hommes de l'isolement et de la solitude, il avait consenti à ce que le jeune Badois restât à la Faisanderie.

A partir de ce moment, par une convention tacite, la femme de Watrin avait repris tout entiers les soins de son ménage et de son fils Bernard, alors âgé de trois ans ; tandis que Rose, la belle fleur de la forêt, s'était consacrée exclusivement à la garde du blessé.

La blessure avait été faite — qu'on nous pardonne les quelques mots scientifiques

que nous allons être obligé de prononcer
— la blessure avait, disons-nous, été faite
par une balle qui avait frappé sur le con-
dyle du fémur, avait glissé à travers les
aponévroses du *fescia lata*, et pénétré dans
les couches profondes, où elle s'était engagée en y déterminant une violente irri-
tation. D'abord, les chirurgiens avaient
cru l'os du fémur brisé, et avaient voulu
pratiquer la désarticulation ; mais cette
opération avait effrayé le jeune homme,
non pas tant à cause de la douleur dont
elle devait être accompagnée que par l'i-
dée d'une mutilation éternelle. Il avait déclaré qu'il préférait mourir ; et, comme il
avait affaire à des chirurgiens français
auxquels il était à peu près égal qu'il mourût ou ne mourût pas, ceux-ci l'avaient
laissé à l'ambulance, où, peu à peu — pour

me servir toujours du terme scientifique — la balle s'était enchâtonnée dans les régions musculaires par une sécrétion aponévrotique.

Sur ces entrefaites était arrivé l'ordre de faire filer les prisonniers sur la France. Les prisonniers, blessés ou non, avaient été mis dans des charrettes, et avaient été expédiés à leur destination, — Frédéric Blum comme les autres, et avec les autres. Il avait fait deux cents lieues de cette façon; mais, en arrivant à Villers-Cotterêts, ses souffrances avaient été, comme nous l'avons dit, si intolérables, qu'il lui avait été impossible d'aller plus loin.

Par bonheur, ce que l'on pouvait regarder comme une aggravation était, au contraire, un commencement de convalescence. La balle, soit qu'elle eût été chassée par quelque violent effort, soit qu'elle eût été entraînée par son propre poids, avait déchiré son enveloppe anormale, et descendait à travers la séparation des muscles, dont elle déchirait, en descendant, le tissu intersticiel.

Or, on le comprend, ce miracle de la nature, cette guérison étrange que le corps entreprend pour son propre compte, ne s'opère pas instantanément et sans de violentes douleurs. Le blessé resta trois mois étendu sur sa couche fiévreuse ; puis peu à peu une amélioration sensible se manifesta ; il put se lever, marcher jusqu'à la fenêtre d'abord, ensuite jusqu'à la porte, puis sortir, puis se promener appuyé au bras de Rose Watrin, sous les grands arbres qui avoisinent la Faisanderie : puis enfin un jour, il sentit entre les fléchisseurs de sa jambe gauche rouler un corps étranger. Il appela le chirurgien : le chirurgien opéra une légère incision, et la balle, qui avait failli être mortelle, tomba inoffensive dans les mains de l'opérateur.

Frédéric Blum était guéri.

Mais, à la suite de cette guérison, il se trouva qu'il y avait dans la maison Watrin deux blessés au lieu d'un.

Heureusement, la paix de Tilsitt arriva. Un nouveau royaume avait été créé dès 1807 ; il empruntait à l'ancien duché de Westphalie l'évêché de Paderborn, Horn et Bilefeld ; il y joignait une partie des cercles du Haut-Rhin et de la Basse-Saxe ; il comprenait en outre le sud du Hanovre, Hesse-Cassel et les principautés de Magdebourg et de Verden.

Ce royaume se nommait le royaume de Westphalie. Demeuré à l'état de mythe tant que la grande question débattue à main armée ne fut pas résolue par les victoires de Friedland et d'Eylau, il fut reconnu par Alexandre, à la paix de Tilsitt, et désormais compta parmi les royaumes européens, où il ne devait figurer que pendant six ans.

Un matin Frédéric Blum se réveilla donc définitivement Westphalien, et, par conséquent, allié du peuple français, au lieu d'en être l'ennemi.

Alors, il fut sérieusement question de réaliser l'idée qui préoccupait les deux jeunes gens depuis plus de six mois, c'est-à-dire de les marier.

La véritable difficulté avait disparu : Guillaume Watrin était trop bon Français pour donner sa sœur à un homme exposé à servir contre la France, et à tirer un jour des coups de fusil contre Bernard, que son père voyait déjà revêtu d'un uniforme, et marchant au pas de charge contre les ennemis de son pays ; mais Frédéric Blum devenu Westphalien, — par conséquent Français, — le mariage des deux jeunes gens était la chose la plus simple du monde.

Frédéric engagea sa parole de bon et brave Allemand de revenir avant trois mois, et partit.

Il y eut force larmes au départ; mais la loyauté était si bien peinte sur le visage de Blum, que l'on ne douta pas un seul instant de son retour.

Il avait un projet dont il n'avait rien dit à personne : c'était d'aller trouver le nouveau roi à Cassel, et de lui présenter un placet par lequel il lui raconterait toute son histoire, et lui demanderait une place de garde dans cette forêt de quatre-vingts lieues de long sur quinze de large qui s'étend du Rhin au Danube, et qu'on appelle la forêt Noire.

Le plan était simple et naïf : il réussit à cause même de sa simplicité et de sa naïveté.

Un jour, du balcon de son château, le

roi vit un soldat qui, un papier à la main, semblait solliciter sa bienveillance ; il était de bonne humeur, comme tous les rois qui en sont aux premières marches du trône : au lieu d'envoyer prendre le placet, il envoya chercher le soldat, celui-ci lui exposa en assez bon français ce que contenait son placet. Le roi mit le mot *accordé* au-dessous de la demande, et Frédéric Blum se trouva garde-chef d'un canton de la forêt Noire.

Un congé d'un mois, pour donner au nouveau garde-chef le temps d'aller chercher sa fiancée, et une gratification de 500 florins, pour l'aider à faire le voyage, étaient joints au brevet, qui assurait l'avenir de nos deux jeunes gens.

Frédéric Blum avait demandé trois mois,

on le vit revenir au bout de six semaines. C'était une épreuve de son amour qui parlait d'elle-même, et si haut, que Guillaume Watrin n'eut aucune objection à faire.

Mais Marianne en fit une, et des plus sérieuses même.

Marianne était bonne catholique, allant tous les dimanches entendre la messe à l'église de Villers-Cotterêts, et communiant aux quatre grandes fêtes de l'année, sous la direction de l'abbé Grégoire.

Or, Frédéric Blum était protestant, et, aux yeux de Marianne, l'âme de Frédéric Blum était inévitablement perdue, et celle de sa belle-sœur sérieusement compromise.

On fit venir l'abbé Grégoire.

L'abbé Grégoire était un excellent homme, myope comme une taupe des yeux du corps ; mais cette myopie extérieure et matérielle avait rendue plus perçante chez lui la vue de l'âme. Il était impossible d'avoir un sens plus juste et plus droit des choses de ce monde et des choses du ciel que le digne abbé, et nul prêtre, depuis que des vœux abnégatifs ont été prononcés par un homme, n'est, j'en réponds, resté plus scrupuleusement fidèle aux vœux qu'il avait faits.

L'abbé Grégoire répondit qu'il y avait une religion qu'il fallait suivre avant tout, savoir, celle de l'âme ; or, l'âme des deux jeunes gens avait fait serment d'amour mutuel : Frédéric Blum suivrait sa religion ; Rose Watrin la sienne ; les enfants seraient élevés dans la religion du pays qu'ils habiteraient, et, au jour du jugement dernier, Dieu, qui est toute miséricorde, se contenterait de séparer, — c'était l'espoir du brave abbé, — non pas les protestants des catholiques, mais simplement les bons des méchants.

Cette décision de l'abbé Grégoire, appuyée par les deux fiancés et par Guillaume Watrin, ayant réuni trois voix en sa faveur, tandis que la proposition contraire n'en avait eu qu'une seule, celle de Marianne, il fut convenu que le mariage aurait lieu aussitôt que seraient accomplies les formalités civiles et religieuses.

Ces formalités prirent trois semaines, après lesquelles Rose Watrin et Frédéric

Blum furent mariés à la mairie de Villers-Cotterêts, sur les registres de laquelle on peut voir leurs noms à la date du 12 septembre 1809, et à l'église de la même ville.

L'absence d'un pasteur protestant fit différer le mariage au temple jusqu'à l'arrivée des deux époux en Westphalie.

Un mois après, jour pour jour, ils étaient remariés par le pasteur de Verden, et toutes les cérémonies qui liaient l'un à l'autre les deux sectateurs de deux cultes différents se trouvèrent accomplies.

Au bout de dix mois naquit un enfant du sexe féminin, lequel ou plutôt laquelle reçut le nom de Catherine, et fut, *selon l'usage du pays où elle était née,* élevée dans la religion protestante.

Trois ans et demi d'une félicité parfaite s'écoulèrent pour les jeunes époux; puis vint la campagne de 1812, mère désastreuse de la non moins fatale campagne de 1813.

La grande armée disparut sous les neiges de la Russie et sous les glaces de la Bérésina. Il fallut lever une armée nouvelle : tout ce qui avait déjà figuré sur les cadres, tout ce qui n'avait pas trente ans révolus, fut appelé à prendre les armes.

Frédéric Blum, par ce décret, se trouvait deux fois soldat : soldat pour avoir figuré autrefois sur les cadres de l'armée, soldat parce qu'il n'avait que vingt-neuf ans et quatre mois.

Peut-être eût-il pu faire valoir près du

roi de Westphalie ce motif d'exemption, qu'il souffrait parfois cruellement de son ancienne blessure ; il n'y songea même pas. Il partit pour Cassel, se présenta au roi, se fit reconnaître de lui, demanda à servir, comme autrefois, dans la cavalerie, recommanda au prince sa femme et son enfant, et partit, comme brigadier, dans les chasseurs westphaliens.

Il était parmi les vainqueurs à Lutzen et à Bautzen ; il fut parmi les vaincus et les morts à Leipzig.

Cette fois, une balle saxonne lui avait traversé la poitrine, et il se coucha pour ne plus se relever, au milieu des soixante mille mutilés de cette journée, où l'on tira cent dix-sept mille coups de canon, cent onze mille de plus qu'à Malplaquet. On voit que la succession des siècles amène le progrès!

Le roi de Westphalie n'oublia pas la promesse faite : une pension de trois cents florins fut accordée à la veuve de Frédéric Blum et vint la trouver au milieu de son deuil et de ses larmes ; mais, dès le commencement de 1814, le royaume de Westphalie n'existait plus, et le roi Jérôme avait cessé de compter au nombre des têtes couronnées.

Frédéric Blum avait été tué dans les rangs français : à cette époque de réaction, c'était assez pour que sa veuve fût mal vue dans cette Allemagne qui venait de se soulever tout entière contre nous. Elle se mit donc en route avec les débris de l'armée française, qui repassait la frontière, et, un matin, son enfant dans les bras, elle vint frapper à la porte de son frère Guillaume.

La mère et l'enfant furent reçus par ce cœur d'or comme des envoyés de Dieu.

La petite fille — elle avait trois ans — devint la sœur de Bernard qui en avait neuf ; la mère reprit, sur le lit de douleur de Blum, dans la petite chambre d'où l'on apercevait les jardins des gardes et les grands arbres de la forêt, la place de Frédéric Blum.

Hélas! la pauvre femme était plus dangereusement malade que ne l'avait été son mari; la fatigue et le chagrin avaient donné chez elle naissance à une péri-pneumonie qui dégénéra en phthisie pulmonaire, et qui, malgré tous les soins dont elle fut entourée par son frère et sa belle-sœur, amena la mort.

Vers la fin de 1814, c'est-à-dire à l'âge de quatre ans, la petite Catherine Blum se trouva donc orpheline.

Orpheline de nom, bien entendu, car elle eût retrouvé un père et une mère dans Guillaume Watrin et dans sa femme, si un père et une mère perdus se retrouvaient jamais.

Mais ce qu'elle trouva, aussi tendre, aussi dévoué que s'il eût eu le même père et la même mère qu'elle, ce fut un frère dans le jeune Bernard.

Les deux enfants grandirent sans s'inquiéter du moins du monde des vicissitudes politiques qui agitèrent la France, et qui mirent deux ou trois fois en question l'existence matérielle de leurs parents.

Napoléon abdiqua à Fontainebleau, rentra un an après à Paris, tomba une seconde fois à Waterloo, s'embarqua à Rochefort, fut enchaîné et mourut sur son rocher de Sainte-Hélène, sans que toutes ces grandes catastrophes prissent, à leurs yeux, aucune des proportions que devait un jour leur donner l'histoire.

Ce qui importait à la famille perdue sous ces épais feuillages, où la vie et la mort des puissants de ce monde avaient un si faible écho, c'est que le duc d'Orléans, redevenu, comme apanagiste, propriétaire de la forêt de Villers-Cotterêts, eût conservé à Guillaume Watrin sa position de garde-chef.

Cette position lui avait été conservée, et s'était même améliorée : à la mort tragique de Choron, Watrin avait été appelé de la garderie de la Pépinière à celle de Chavigny, et avait dû quitter son logement de la Faisanderie pour la maison neuve du chemin de Soissons.

Or, cent francs de plus étaient attribués à cette garderie, et, une augmentation de cent francs, c'était une notable amélioration dans les appointements du vieux garde-chef.

De son côté, Bernard avait grandi, et,

admis comme garde-adjoint à dix-huit ans, avait été nommé garde aux appointements de cinq cents francs le jour même où il avait atteint sa majorité. Il en résultait quatorze cents francs réunis dans la même maison, lesquels, joints au logement gratuit et aux bénéfices du coup de fusil, avaient amené l'aisance dans la famille.

Tout le monde s'était ressenti de cette aisance : Catherine Blum avait été mise en pension à Villers-Cotterêts, et y avait reçu une éducation qui, de la paysanne, avait peu à peu fait une demoiselle de la ville. Puis, en même temps que son éducation, sa beauté avait fleuri, et Catherine Blum à seize ans, était une des plus charmantes filles de Villers-Cotterêts et des environs.

C'était alors que cet amour de frère que Bernard avait, pendant toute sa jeunesse, porté à Catherine, changea insensiblement de nature, et se transforma en un amour d'amant.

Cependant, ni l'un ni l'autre des deux jeunes gens n'avait vu bien clair dans ce sentiment : chacun de son côté comprenait qu'il aimait l'autre davantage, au fur et à mesure qu'il passait de l'enfance à l'adolescence, mais aucun d'eux ne se rendit compte de la situation de son cœur, jusqu'au moment où vint une circonstance qui leur prouva que leur double existence n'avait qu'une seule source, comme deux fleurs n'ont qu'une même tige.

Au sortir de sa pension, c'est-à-dire à

l'âge de treize ou quatorze ans, Catherine Blum avait été mise en apprentissage chez mademoiselle Rigolot, la première lingère-modiste de Villers-Cotterêts ; elle y était restée deux ans, et y avait donné tant de preuves d'intelligence et de goût que mademoiselle Rigolot avait déclaré que, si Catherine Blum passait un an ou dix-huit mois à Paris pour y prendre le goût de la capitale, elle n'hésiterait pas, — même sans argent comptant — mais moyennant deux mille livres par an pendant six ans, a lui céder son fonds, et cela de préférence à toute autre.

Cette ouverture était trop sérieuse pour ne point ordonner de graves réflexions entre Guillaume Watrin et sa femme.

Il fut décidé que, munie d'une lettre de

mademoiselle Rigolot pour sa correspondante de Paris, Catherine partirait de Villers-Cotterêts et s'installerait pendant un an ou dix-huit mois dans la capitale.

La rue Bourg-l'Abbé n'était peut-être pas une des rues où la mode se produisît sous son aspect le plus neuf et le plus élégant ; mais rue Boug-l'Abbé demeurait la correspondante de mademoiselle Rigolot, et l'on s'en rapportait à Catherine pour corriger ce que le goût des habitants de cette rue bourgeoise pouvait avoir de trop arriéré.

Ce fut lorsque Bernard et Catherine durent se quitter, qu'ils apprécièrent véritablement le point où en était venu leur amour, et qu'ils s'aperçurent que cet amour avait tout l'égoïsme de celui d'un amant à une maîtresse, loin d'avoir l'élasticité de celui d'un frère a une sœur.

Des promesses de penser éternellement l'un à l'autre, de s'écrire au moins trois fois par semaine, et de se garder une fidélité inébranlable furent échangées entre les deux jeunes gens, qui, muets comme de véritables amants, enfermèrent dans leurs deux cœurs le secret de leur amour dont peut-être ne se rendaient-ils point parfaitement compte eux-mêmes.

Pendant les dix-huit mois d'absence de Catherine, Bernard avait obtenu deux congés de quatre heures chacun ; ces deux congés, dûs à la protection spéciale de son inspecteur, qui aimait comme hommes et appréciait comme serviteurs les deux Watrin furent tout naturellement employés par Bernard à faire à Paris deux voyages qui ne servirent qu'à resserrer encore les liens qui unissaient les deux jeunes gens.

Enfin l'heure du retour était arrivée, et pour fêter ce retour, l'inspecteur avait permis qu'un sanglier fût mis à mort. C'était donc dans ce but que François s'était levé à trois heures du matin, qu'il avait détourné la bête, qu'il avait fait son rapport au père Guillaume, que le père Guillaume était allé de sa personne vérifier le rapport, que les gardes de la garderie de Chavigny, acolytes et convives naturels des hôtes de la Maison-Neuve, avaient pris rendez-vous au saut du cerf, et que Bernard, bercé par les plus doux rêves à l'idée de ce retour était descendu peigné, frisé, pomponné, souriant et joyeux, lorsque la lettre mise sous ses yeux par Mathieu Goguelue avait tout à coup changé ce sourire en un froncement de sourcils, et cette joie en inquiétude !

VI

Le Parisien.

En effet, sur l'adresse de la lettre, Bernard avait reconnu l'écriture d'un jeune homme nommé Louis Chollet, fils d'un négociant en bois de Paris, lequel était venu s'installer, depuis deux ans, chez M. Raisin, le premier marchand de bois de Villers-Cotterêts, qui était en même temps maire de la ville.

Il apprenait là le côté pratique de son état, c'est-à-dire qu'il faisait chez M. Raisin le métier de garde-vente, comme, en Allemagne, et particulièrement sur les bords du Rhin, les fils des plus grands hôteliers remplissent chez des collègues de leur père l'emploi de premiers garçons.

Le père Chollet était très riche, et faisait à son fils, pour ses menus plaisirs, une pension de cinq cents francs par mois.

Avec cinq cents francs par mois, à Villers-Cotterêts, on a tilbury, cheval de selle et cheval de voiture.

En outre, — et surtout quand on s'habille à Paris, et que l'on trouve moyen de faire payer son tailleur à la caisse paternelle, — on est le roi de la *fashion* provinciale.

C'est ce qui arrivait à Louis Chollet.

Jeune, riche, beau garçon, habitué à la vie de Paris, où de faciles amours lui avaient donné, des femmes, cette idée que s'en font les jeunes gens qui n'ont jamais connu que des grisettes ou des filles entretenues, Chollet avait pensé que rien ne saurait lui résister, et que, y eût-il à Villers-Cotterêts les cinquante filles du roi Danaüs il accomplirait avec elles, dans un temps plus ou moins long, le treizième travail d'Hercule, qui avait fait, dans l'antiquité, au fils de Jupiter la plus belle part de sa réputation.

Donc, en arrivant, et dès le premier dimanche, pensant que, grâce à son frac taillé sur le dernier patron, à son pantalon de couleur tendre, à sa chemise brodée à jour et à sa chaîne de montre aux mille breloques, il n'aurait, comme un autre Soliman, qu'à jeter le mouchoir, il s'était présenté à la salle de danse, et, examen fait de toutes les jeunes filles, il avait jeté le mouchoir à Catherine Blum.

Malheureusement il lui était arrivé, à lui, ce qui était arrivé trois siècles auparavant à l'illustre soudan auquel nous lui avons fait l'honneur de le comparer ; le mouchoir ne fut pas plus relevé par la

Roxelane moderne qu'il ne l'avait été par la Roxelane du moyen-âge, et le Parisien — c'était de ce sobriquet qu'on avait tout d'abord baptisé le nouveau venu — en avait été pour ses frais.

Il y avait plus : comme le Parisien s'était occupé avec affectation de Catherine, Catherine n'avait point paru à la danse le dimanche suivant.

Et cela s'était fait d'une façon toute naturelle ; elle avait lu dans les yeux de Bernard l'inquiétude que lui avait causée l'assiduité du jeune garde-vente, et, la première, elle avait proposé à son cousin, — ce que celui-ci avait accepté d'enthousiasme, — de venir passer le dimanche à la Maison-Neuve, au lieu que son cousin, comme il avait l'habitude de le faire depuis que Catherine habitait la ville, vînt passer son dimanche à Villers-Cotterêts.

Mais le Parisien ne s'était point tenu pour battu : il avait commandé des chemises à mademoiselle Rigolot, puis des mouchoirs, puis des faux-cols, ce qui lui avait donné pour voir Catherine une multitude d'occasions dans lesquelles celle-ci n'avait pu opposer qu'une grande politesse comme première demoiselle de comptoir, et une grande froideur comme femme.

Ces visites du Parisien chez mademoiselle Rigolot, visites à la cause desquelles il n'y avait point à se tromper, avaient fort inquiété Bernard : mais comment empêcher ces visites? Le futur marchand de bois était le seul et unique juge du nombre de chemises, de mouchoirs et de faux-cols qu'il devait posséder, et, s'il lui plaisait d'avoir vingt-quatre douzaines de chemises, quarante-huit douzaines de mouchoirs et six cents faux-cols, cela ne regardait aucunement Bernard Watrin.

Il était, en outre, maître de commander les chemises une à une et les mouchoirs et les faux-cols, un à un, ce qui lui permettrait d'entrer trois cent soixante-cinq fois par an chez mademoiselle Rigolot.

De ce nombre de jours, nous devons cependant défalquer les dimanches, non pas que, le dimanche, mademoiselle Rigolot fermât son magasin, mais tous les samedis, à huit heures du soir, Bernard venait chercher sa cousine, qu'il ramenait tous les lundis, à huit heures du matin. Et il était à remarquer que, du moment où cette habitude avait été connue du Parisien, le Parisien n'avait jamais eu l'idée, non-seulement de rien commander le dimanche à mademoiselle Rigolot, mais même de s'informer, ce jour-là, si les objets commandés par lui pendant la semaine étaient prêts.

C'était sur ces entrefaites qu'était venue, de la part de mademoiselle Rigolot, la proposition d'envoyer Catherine à Paris, proposition qui, ainsi que nous l'avons dit en son lemps, avait été accueillie favorablement par Guillaume et la mère Watrin, et à laquelle Bernard eût certes apporté une bien autre résistance, s'il n'eût pas songé que l'exécution de ce projet mettait soixante-douze kilomètres de distance entre le détesté Louis Chollet et la bien-aimée Catherine Blum.

Cette idée avait donc un peu, à l'endroit de Bernard, adouci la douleur de la séparation.

Mais, quoiqu'il n'y eût point de chemin de fer à cette époque, soixante-douze kilomètres n'étaient pas un empêchement pour un amoureux, surtout quand cet amoureux, garde-vente amateur, n'avait pas besoin de demander le congé de son patron, et possédait cinq cents francs par mois d'argent de poche.

Il en résulta donc que, contre les deux voyages qu'avait faits Bernard à Paris dans l'espace de dix-huit mois, Chollet, qui était libre de ses actions, et qui touchait, à chaque trentième jour de ces mois, la même somme que Bernard touchait seulement ou plutôt avait touché le trois cent soixante-cinquième jour de l'année ; il en résulta, dis-je, que, contre ces deux voyages, Chollet en fit douze !

Et il y avait cela de remarquable : c'est que, depuis le départ de Catherine pour Paris, Chollet avait cessé de se fournir de chemises chez mademoiselle Rigolot, place de la Fontaine, à Villers-Cotterêts, et qu'il se fournissait à Paris, chez madame Cretté et compagnie, rue Bourg-l'Abbé, 15.

Il va sans dire que Bernard avait été immédiatement mis par Catherine au courant de ce détail, qui avait une grande importance pour mademoiselle Rigolot, mais qui avait une importance bien autrement grande pour lui.

Or, le cœur humain est ainsi fait ; quoiqu'il fut sûr du sentiment que lui avait voué sa cousine, cette poursuite du Parisien ne laissait point que de l'alarmer.

Vingt fois il avait eu l'idée de chercher à Louis Chollet quelqu'une de ces bonnes querelles qui se terminent par un coup d'épée ou un coup de pistolet, et comme, grâce à ses exercices particuliers, Bernard tirait le pistolet de première force ; comme, grâce à un de ses camarades qui avait été prévôt dans un régiment, et qui, de voisin à voisin, lui avait donné autant de leçons qu'il lui avait plu d'en prendre, il maniait très agréablement la brette, la chose poussée à ses dernières conséquences ne l'eût que médiocrement inquiété; mais le moyen de chercher querelle à un homme dont il n'avait aucunement à se plaindre; qui, poli avec tout le monde, l'était peut-être plus particulièrement avec lui qu'avec tout autre? C'était chose impossible!

Il fallait donc attendre l'occasion. Bernard l'avait attendue dix-huit mois, et, pendant ces dix-huit mois, elle ne s'était pas une seule fois présentée.

Mais voilà que le jour même où devait

revenir Catherine Blum, on lui remettait une lettre adressée à la jeune fille, et qu'il reconnaissait que l'adresse de cette lettre était écrite de la main de son rival.

On comprend donc l'agitation et la pâleur qui s'étaient emparées de Bernard à la seule vue de cette lettre.

Il la tourna et la retourna, comme nous l'avons dit, dans sa main, tira son mouchoir de sa poche et s'essuya le front.

Puis, comme s'il eût pensé qu'il aurait encore besoin de son mouchoir, il le maintint sous son bras gauche, au lieu de le mettre dans sa poche, et de l'air d'un homme qui prend une grande résolution, il décacheta la lettre.

Mathieu le regardait faire avec son méchant sourire, et, s'apercevant qu'il devenait plus pâle et plus agité au fur et à mesure qu'il lisait :

— Voyez-vous, monsieur Bernard, voilà ce que je me suis dit en prenant cette lettre dans la poche de Pierre... je me suis dit : « Bon ! je vas éclairer M. Bernard sur les manigances du Parisien, et du même coup, je ferai chasser Pierre ! » En effet, ça n'a pas manqué : quand Pierre est venu dire qu'il avait perdu la lettre... l'imbécile ! comme s'il ne pouvait pas dire qu'il l'avait mise à la poste, je vous demande un peu ! Ça aurait d'abord eu cet avantage que le Parisien, croyant que la première était partie, n'en aurait pas écrit une seconde, et que, par conséquent, mademoiselle Catherine ne l'aurait pas reçue, et, ne l'ayant pas reçue, n'y aurait pas répondu.

En ce moment, Bernard, qui lisait la lettre pour la seconde fois, s'interrompit, et, avec une espèce de rugissement :

— Comment, répondu ? s'écria-t-il ; tu dis, malheureux, que Catherine a répondu au Parisien ?

— Ouais ! dit Mathieu en garantissant sa joue avec sa main, de peur d'un second soufflet, je ne dis point précisément cela !

— Et que dis-tu, alors ?

— Je dis que mademoiselle Catherine

est femme, et que le péché tente toujours une fille d'Ève.

— Je te demande positivement si Catherine a répondu ! entends-tu, Mathieu ?

— Peut-être bien que non... Mais, dame ! vous savez, qui ne dit rien consent.

— Mathieu ! s'écria le jeune homme en faisant un geste de menace.

— Dans tous les cas, il devait partir ce matin pour aller au devant d'elle avec le tilbury.

— Et est-il parti ?

— S'il est parti?... est-ce que je sais cela, dit Mathieu, puisque j'ai couché ici dans le fournil ! Mais voulez-vous le savoir ?

— Oui, certes, je le veux !

— Eh bien ! c'est chose facile, en vous informant à Villers-Cotterêts, la première personne à qui vous demanderez : « A-t-on vu M. Louis Chollet aller du côté de Gondreville avec son tilbury ? » vous répondra : « Oui ! »

— Oui !... mais il y a donc été alors ?

— Oui ou non... Moi, je suis un imbécile, comme vous savez... Je vous dis qu'il devait y aller, je ne vous dis point qu'il y ait été, moi !

— Mais comment peux-tu savoir cela !...
En effet, la lettre avait été décachetée et recachetée.

— Ah ! dame ! je n'en sais rien.....
Peut-être le Parisien l'a-t-il rouverte
pour écrire un *post-scriptum*, comme on
dit.

— Alors, ce n'est pas toi qui l'as décachetée et recachetée ?

— Pourquoi faire ? je vous le demande...
Est-ce que je sais lire, moi ! Est-ce que je
ne suis pas une bête brute à laquelle on n'a
jamais pu faire entrer l'A, B, C, D dans la
tête ?

— C'est vrai, murmura Bernard ; mais,

enfin, comment sais-tu qu'il devait aller au devant d'elle?

— Ah! il m'a dit comme ça : « Mathieu, il faudra étriller le cheval de bon matin, parce que je pars à six heures avec le tilbury, pour aller au devant de Catherine. »

— Il a dit Catherine tout court?

— Attendez qu'il ait pris des mitaines pour ça!

— Ah! murmura Bernard, si j'avais été là, si j'avais eu le bonheur de l'entendre!

— Oui, vous lui auriez donné un soufflet

comme à moi... ou plutôt, non, vous ne le lui auriez pas donné.

— Et pourquoi cela?

— Parce que vous tirez bien le pistolet, c'est vrai, mais qu'il y a des arbres, dans la vente de M. Raisin, qui prouvent, tout criblé de balles qu'ils sont, qu'il ne tire pas mal non plus... parce que vous tirez bien l'épée, c'est vrai, mais que, lui, il a fait, l'autre jour, assaut avec le sous-inspecteur, un qui sort des gardes du corps, et qu'il l'a joliment boutonné, comme on dit!

— Bon! dit Bernard, et tu crois que c'est cela qui m'aurait retenu?

— Je ne dis pas ça; mais vous auriez

peut-être un peu plus réfléchi tout de même à donner un soufflet au Parisien qu'à en donner un au pauvre Mathieu Goguelue, qui n'a pas plus de défense qu'un enfant.

Un bon mouvement, un mouvement de pitié et presque de honte passa dans le cœur de Bernard, et, tendant la main à Mathieu :

— Pardonne-moi, lui dit-il, j'ai eu tort.

Mathieu lui donna timidement sa main froide et frissonnante.

— Quoique... quoique... continua Bernard, quoique tu ne m'aimes pas, Mathieu !

— Ah! Dieu de Dieu! s'écria le vagabond, pouvez-vous dire cela, monsieur Bernard?

— Sans compter que tu mens chaque fois que tu ouvres la bouche.

— Bon! reprit Mathieu, prenons que j'ai menti... Qu'est-ce que ça me fait, à moi, que le Parisien soit ou ne soit pas le bon ami de mademoiselle Catherine, et aille ou n'aille pas au devant d'elle dans son tilbury, du moment où M. Raisin, qui fait tout ce que veut M. Chollet, dans l'espérance que celui-ci épousera sa fille Euphrosine, a renvoyé Pierre, et m'a pris pour domestique en son lieu et place?... Ça me va même mieux, je dois le dire, qu'on ne sache pas que c'est moi qui, par dévouement pour vous, ai pris la lettre dans la poche du vieux. C'est un mauvais gars que maître Pierre, sournois en diable ; et quand le sanglier est forcé, dame ! vous savez, monsieur Bernard, gare au coup de boutoir !

Bernard, tout en répondant à ses propres pensées, tout en froissant la lettre dans sa main, écoutait Mathieu, quoiqu'il eût l'air de ne pas l'entendre.

Tout à coup, se retournant de son côté et frappant à la fois la lettre du pied et de la crosse de son fusil :

— Tiens, décidément, Mathieu, dit-il, tu es...

— Oh! ne vous retenez pas, monsieur

Bernard, dit Mathieu de son air moitié bête, moitié malin : ça fait du mal de se retenir !

— Tu es une canaille ! dit Bernard ; va-t-en !

Et il fit un pas vers le vagabond pour le faire sortir de force, dans le cas où celui-ci ne serait pas disposé à sortir de bonne volonté : mais, selon son habitude, Mathieu n'opposa aucune résistance : au pas que fit Bernard en avant, il répondit en faisant deux pas en arrière.

Puis, tout en s'éloignant à reculons, et en regardant derrière lui, pour ne pas manquer la porte :

—Peut-être, répondit-il, vaudrait-il mieux

me remercier autrement ; mais c'est votre manière à vous... Chacun sa manière, comme on dit. Au revoir, monsieur Bernard ! au revoir !..

Puis, de la porte, et d'un accent où débordait toute sa vieille et sa nouvelle haine :

— Entendez-vous ? cria-t-il ; je vous dis : Au revoir !

Et, accélérant son pas, d'ordinaire si lent et si endormi, il sauta le fossé qui sépare la route de la forêt, et s'enfonça sous l'ombre des grands arbres, où il disparut.

VII

Jalousie.

— Mais l'œil de Bernard, au lieu de suivre Mathieu dans sa fuite et dans sa menace, était déjà retombé sur la lettre.

— Oui, murmurait-il, qu'il lui ait écrit cette lettre en sa qualité de Parisien, je le comprends parfaitement : il ne doute de rien ! mais qu'elle revienne justement par la route qu'il lui indique, ou qu'elle accepte une place dans son tilbury, c'est ce que je ne puis croire !.. Ah ! pardieu ! c'est toi, François ! sois le bien venu !

Ces mots s'adressaient au jeune garde à qui nous avons fait tout ensemble ouvrir et la porte du père Guillaume et le premier chapitre de ce roman.

— Oui, c'est moi, dit-il ; par ma foi ! je venais voir un peu si tu n'étais pas mort d'apoplexie foudroyante !

— Non, pas encore, dit Bernard avec un sourire qui crispa le coin de sa lèvre.

— Alors, en route ! continua François,

Robineau, la Feuille, la Jeunesse et Berthelin sont déjà au saut du cerf, et, si papa bougon nous retrouve ici en rentrant, c'est nous qui aurons la chasse, et pas le sanglier !

— En attendant, viens ici ! dit Bernard.

Ces paroles furent prononcées d'une voix rude et impérative qui était si peu dans les habitudes de Bernard, que François le regarda avec étonnement ; mais, voyant à la fois la pâleur de son visage, l'altération de ses traits, et cette lettre qu'il tenait à la main et qui semblait être la cause de ce changement survenu dans la physionomie et dans les manières du jeune homme, il s'avança, moitié souriant, moitié inquiet, et, portant la main à sa casquette à la manière des militaires qui saluent un chef :

— Me voilà, mon supérieur ! dit-il.

Bernard, qui voyait l'œil de François fixé sur la lettre, rejeta derrière son dos la main qui tenait le papier, et, posant l'autre sur l'épaule de François :

— Que dis-tu du Parisien ? demanda-t-il.

— De ce jeune homme qui est chez M. Raisin, le marchand de bois?

— Oui.

François fit un mouvement de tête accompagné d'un claquement de langue appréciateur.

— Je dis qu'il est bien vêtu, répondit-il, et toujours à la plus nouvelle mode, à ce qu'il paraît.

— Il ne s'agit pas de son habit!

— Comme figure, alors? Ah! dame! c'est un joli garçon, je ne puis pas dire le contraire.

Et François fit un autre geste d'appréciation.

— Je ne te parle pas de lui au physique, dit Bernard impatienté : je te parle de lui au moral.

— Au moral? s'écria François indiquant, par l'intonation de sa voix, que, du moment où il s'agissait du moral, son opinion allait changer du tout au tout.

— Oui, au moral, répéta Bernard.

— Eh bien ! reprit François, je dis qu'au moral il n'est pas fichu de retrouver la piste de la vache de la mère Watrin, si elle était perdue dans le champ Meutard. Ça laisse pourtant une fière piste, une vache !

— Oui, mais il est fort capable de détourner une biche, de la lancer et de la suivre jusqu'à ce qu'elle soit forcée, surtout si la biche porte un bonnet et un jupon !

La figure de François prit, à cette demande, une expression d'hilarité approbative à laquelle il n'y avait point à se tromper.

— Ah ! dame ! sous ce rapport là, dit-il, il a la réputation d'un joli chasseur !

— Soit, reprit Bernard en serrant le poing, mais qu'il ne vienne pas chasser sur mes terres, ou gare au braconnier !

Bernard avait prononcé ces mots avec un tel accent de menace, que François le regarda tout effaré.

— Hein ! fit-il, qu'as-tu donc ?

— Approche ! dit Bernard.

Le jeune homme obéit.

Bernard enveloppa de son bras droit le cou de son camarade, et lui mettant, de la main gauche, la lettre de Chollet devant les yeux :

— Que dis-tu de cette lettre ? demanda-t-il.

François regarda Bernard d'abord, puis la lettre ; puis, enfin, il lut :

« Chère Catherine !...

— Oh ! oh ! fit-il en s'interrompant, la cousine ?

— Oui, dit Bernard.

— Eh bien ! mais il me semble que cela ne lui écorcherait pas la bouche de l'appeler mademoiselle Catherine, comme tout le monde !

— Oui, d'abord... mais attends, tu n'es pas au bout !

François continua, commençant à comprendre de quoi il s'agissait :

« Chère Catherine, j'apprends que vous allez revenir après dix-huit mois d'absence pendant lesquels je vous ai vue à peine, dans mes courts voyages à Paris, sans pouvoir parvenir à vous parler. Il est inutile de vous dire que pendant ces dix-huit mois votre charmant minois m'a constamment trotté dans la tête, et que je n'ai, nuit et jour, pensé qu'à vous. Comme j'ai hâte de vous répéter de vive voix ce que je vous écris, j'irai à votre rencontre jusqu'à Gondreville ; j'espère que je vous trouverai plus raisonnable à votre retour que vous ne l'étiez à votre départ, et que l'air de Paris vous aura fait oublier ce rustre de Bernard Watrin.

« Votre adorateur pour la vie,

« Louis Chollet. »

— Oh! oh! fit François, il a écrit ça, le Parisien?

— Heureusement!... « Ce rustre de Bernard Watrin! » Tu vois!

— Ah ça! mais... et mademoiselle Catherine?

— Oui, comme tu dis, François, et mademoiselle Catherine ?

— Crois-tu donc qu'il soit allé à sa rencontre ?

— Pourquoi pas? Ces gens de la ville, ça ne doute de rien! Et puis, à quoi bon se gêner pour un rustre comme moi?

— Mais, enfin, toi?

— Moi! Après?

— Dame! écoute, tu sais comment tu es avec mademoiselle Catherine, peut-être.

— Je le savais avant son départ, mais, depuis dix-huit mois qu'elle est à Paris, qui sait?

— Mais tu as été la voir ?

— Deux fois, et il y a huit mois que je ne l'ai vue... En huit mois, il passe tant de choses dans la tête d'une jeune fille !

— Allons donc, fi ! une mauvaise idée ! s'écria François ; eh bien ! moi, je connais mademoiselle Catherine, et je réponds d'elle !

— François, François, la meilleure femme est, sinon fausse, au moins coquette... Ces dix-huit mois de Paris... Ah !

— Et moi, je te dis que tu vas la retrouver au retour comme tu l'as quittée au départ, bonne et brave !

— Oh ! si elle monte dans son tilbury,

vois-tu! sécria Bernard avec un geste de suprême menace.

— Eh bien, quoi? demanda François effrayé.

— Ces deux balles, dit Bernard en tirant de sa poche les deux balles sur lesquelles il avait fait une croix avec le couteau de Mathieu, — ces deux balles à mon chiffre, que j'avais marquées à l'intention du sanglier...

— Eh bien !

— Eh bien ! il y en aura une pour lui et l'autre pour moi !

Il écoula les deux balles dans le canon

de son fusil, et, les assurant avec deux bourres :

— Viens, François ! dit-il.

— Eh ! Bernard, Bernard, fit le jeune homme en se raidissant pour résister.

— Je te dis de venir, François, s'écria Bernard avec violence ; viens donc !

— Et il l'entraîna ; mais il s'arrêta tout à coup : entre lui et la porte, il venait de rencontrer sa mère.

— Ma mère ! murmura Bernard...

— Bon ! la vieille ! dit François se frottant les mains dans l'espoir que la présence de sa mère changerait quelque chose aux terribles dispositions de Bernard.

La bonne femme entrait le visage souriant et tenant à la main une tasse de café posée sur une assiette, avec l'accompagnement obligé de deux rôties.

Elle n'eut besoin que de jeter un regard sur son fils pour comprendre, avec l'instinct d'une mère, qu'il se passait quelque chose d'extraordinaire en lui.

Cependant, elle n'en fit rien paraître, et, avec son sourire habituel :

— Bien le bonjour, mon enfant! dit-elle.

— Bien merci, ma mère! répondit Bernard.

Il fit un mouvement pour sortir, mais elle le retint.

— Comment as-tu dormi, garçon? demanda-t-elle.

— A merveille!

Puis, voyant que Bernard continuait de s'avancer vers la porte :

— Tu t'en vas déjà? dit-elle.

— Ils attendent là-bas, au Saut-du-Cerf, et François vient me chercher.

— Oh! ça ne presse pas, dit François; ils attendront! Dix minutes de plus ou de moins ne font rien à l'affaire.

Mais Bernard s'avançait toujours.

— Un instant donc ! reprit la mère Watrin ; à peine si je t'ai dit bonjour, et je ne t'ai point embrassé !

Puis, jetant un coup d'œil sur le ciel :

— On dirait que le temps est sombre, aujourd'hui !

— Bah ! fit Bernard, il s'éclaircira.... Adieu, ma mère !

— Attends !

— Quoi ?

— Prends donc quelque chose avant de sortir.

Et elle tendit au jeune homme la tasse

de café qu'elle venait de préparer pour elle-même.

— Merci ! ma mère : je n'ai pas faim, dit Bernard.

— C'est de ce bon café que tu aimes tant, et Catherine aussi, insista la vieille ; Bois !

Bernard secoua la tête.

— Non ?... Eh bien ! trempes-y tes lèvres seulement... Il me semblera meilleur quand tu y auras goûté.

— Pauvre chère mère ! murmura Bernard.

Et, prenant la tasse, il y trempa

ses lèvres, et la reposa sur l'assiette.

— Merci! dit-il.

— On dirait que tu trembles, Bernard? demanda la vieille de plus en plus inquiète.

— Non, au contraire, je n'ai jamais eu la main si sûre!... Voyez plutôt.

Et, par ce geste habituel aux chasseurs, il jeta son fusil de la main droite dans la main gauche.

Puis, comme pour rompre la chaîne dont il commençait à se sentir enlacé :

— Allons, allons, dit-il, adieu! pour cette fois, ma mère! il faut que je m'en aille.

Eh bien ! oui, va-t-en, puisque tu veux absolument t'en aller ; mais reviens vite : tu sais que Catherine arrive ce matin.

— Oui, je le sais, dit le jeune homme avec un accent impossible à rendre ; viens, François !

Et Bernard s'élança pour sortir ; mais, sur le seuil même de la porte, il rencontra Guillaume.

— Bon ! mon père, à présent ! dit-il en reculant d'un pas.

Le père Guillaume revenait, sa pipe à la bouche, comme il était parti ; seulement, son petit œil gris brillait d'une satisfaction visible.

Il ne vit pas même Bernard, ou ne fit pas semblant de le voir, et, s'adressant à François :

— Bravo! garçon! bravo! dit-il; tu sais que je ne suis pas complimenteur, moi?

— Non, il s'en faut! dit François, ne pouvant, si préoccupé qu'il fût, comprimer un sourire.

— Eh bien! reprit le vieux garde, bravo!

— Ah! ah! s'écria François, tout est donc comme je vous ai dit?

— Tout!

Bernard fit de nouveau un mouvement

pour sortir, profitant de ce que son père paraissait ne point faire attention à lui; mais François l'arrêta.

— Voyons! écoute donc un peu, Bernard, dit-il : il s'agit du sanglier...

— Des sangliers, tu veux dire! répéta Guillaume.

— Oui.

— Eh bien! ils sont là couchés, comme tu l'as dit, dans le roncier des Têtes de Salmon... couchés côte à côte, la laie pleine à crever, lui blessé à l'épaule : un ragot de six ans... on dirait que tu l'as pesé! Je les ai vus tous les deux comme je vous vois, toi et Bernard. Si ça n'avait pas été de peur que les autres ne disent : « Ah! c'est pour ça que vous nous avez dérangés, père Guillaume? » parole d'honneur! sans aller plus loin, je leur faisais leur affaire!

— Alors, dit Bernard, vous voyez bien qu'il ne faut pas perdre de temps... Adieu! père.

— Mon enfant, dit la mère Watrin, ne t'expose pas surtout!

Le vieux garde regarda sa femme avec ce rire silencieux qui semblait ne pouvoir passer entre ses dents serrées.

— Bon! dit-il, si tu veux aller tuer le sanglier à sa place, la mère, lui restera ici pour faire la cuisine.

Puis, se retournant et posant dans la cheminée son fusil, tout cela avec un mouvement d'épaules qui n'appartenait qu'à lui :

— Si ça ne fait pas suer, dit-il, une femme de garde !

Bernard, pendant ce temps, s'était approché de François.

— François, dit-il, tu m'excuseras près des autres, n'est-ce pas?

— Pourquoi?

— Parce que, au premier tournant, je te quitte.

— Oui dà !

— Vous allez au roncier des Têtes de Salmon, vous autres?

— Oui.

— Eh bien! moi, je vais aux bruyères de Gondreville... Chacun son gibier.

— Bernard! s'écria François en saisissant le jeune homme par le bras.

— Allons, assez! dit Bernard, je suis majeur et libre de faire ce que je veux.

Puis, sentant qu'une main se posait sur son épaule, et voyant que cette main était celle de Guillaume:

— Plaît-il, mon père, demanda-t-il.

— Ton fusil est chargé?

— Un peu !

— A balle franche, comme il convient à un joli tireur.

— A balle franche.

— Alors, tu comprends, au défaut de l'épaule !

— Je connais la place, merci ! répondit Bernard.

Et, tendant la main au vieux garde :

— Une poignée de main, mon père.

Puis, s'avançant vers Marianne :

— Et vous, ma mère, ajouta-t-il, embrassez-moi !

Et, après avoir serré la bonne femme dans ses bras :

— Adieu! s'écria-t-il, adieu!

Et il s'élança hors de la maison, tandis que Guillaume, regardant sa femme, lui demandait avec une certaine inquiétude :

— Dis donc, la mère, qu'a-t-il ce matin, ton fils? Il me semble tout chose!

— Et à moi aussi ; s'écria vivement la bonne femme. Tu devrais le rappeler, vieux !

— Bah ! pourquoi faire ! répondit Guillaume ; pour savoir s'il n'a pas fait de mauvais rêves?

Alors, s'avançant jusque sur le seuil,

sa pipe à la bouche, et les mains dans ses poches :

— Eh ! Bernard, tu entends ? cria-t-il, au défaut de l'épaule !

Mais Bernard avait déjà quitté François, qui, seul, continuait de marcher dans la direction du Saut-du-Cerf.

Une voix qui était celle du jeune homme ne répondit pas moins, traversant l'espace, avec un accent qui fit frissonner le vieux :

— Oui, mon père ! on sait, Dieu merci ! où se loge une balle ; soyez tranquille !

— Dieu protége le pauvre enfant ! murmura Marianne en faisant un signe de croix.

VIII

Le Père et la Mère.

Restés seuls, Guillaume et Marianne se regardèrent.

Puis, se parlant à lui-même, comme si, en pareille circonstance, la présence de sa femme ne pouvait apporter aucun éclaircissement dans la question qu'il se posait :

— Que diable va donc faire Bernard du côté de la ville? demanda Guillaume.

Du côté de la ville! dit Marianne ; va-t-il du côté de la ville ?

— Oui... Il a même pris le plus court, c'est-à-dire que, au lieu de suivre la route, il a coupé à travers la forêt.

— A travers la forêt, tu es sûr ?

— Parbleu ! voilà les autres qui entrent dans la laie des fonds Houchard, et Bernard n'est pas avec eux... Eh ! les autres !

Le père Guillaume fit un mouvement, moitié pour appeler à lui les forestiers, moitié pour aller à eux ; mais sa femme l'arrêta.

— Reste, dit-elle, vieux; j'ai à te parler.

Guillaume la regarda de côté ; Marianne fit, de la tête, un signe confirmatif.

— Bon ! s'écria-t-il, si l'on t'écoutait, tu as toujours quelque chose à dire, toi !... seulement, c'est à savoir si ce que tu as à dire vaut la peine d'être écouté.

Et il s'apprêta de nouveau à sortir, pour s'informer près de François ou de ses compagnons de la cause qui éloignait d'eux Bernard.

Mais Marianne l'arrêta une seconde fois.

— Eh ! reste donc ! fit-elle, puisqu'on te dit de rester.

Guillaume resta, mais avec une impatience visible.

— Voyons, dit-il, que me veux-tu? Parle vite!

— Eh! patience donc! avec toi, il faudrait avoir fini avant d'avoir commencé!

— Oh! reprit Guillaume en riant du coin de la lèvre qui ne serrait point sa pipe, c'est que, toi, on sait quand tu commences, mais pas quand tu finis!

— Moi?

— Oui... Tu commences par Louchonneau, et tu finis par le Grand-Turc!

— Eh bien! cette fois, je commencerai

et je finirai par Bernard !... Es-tu content?

— Va toujours! dit Guillaume en croisant ses bras avec résignation, et je te dirai ça après.

— Eh bien! voilà... Tu as dit toi-même que Bernard était allé du côté de la ville?

— Oui.

— Qu'il avait même coupé à travers la forêt pour prendre le plus court?

— Après?

— Enfin, qu'il n'était point remonté avec les autres du côté des Têtes de Salmon.

— Non... Eh bien! sais-tu où il est allé,

toi! Si tu le sais, dis-le, et que la chose soit finie... Tu le vois, je t'écoute... si tu ne le sais pas, ce n'est pas la peine de me retenir!

— Tu remarqueras que c'est toi qui parles, et non pas moi!

— Je me tais, dit Guillaume.

— Eh bien! reprit la mère, il est allé à la ville...

— Pour rencontrer plus vite Catherine? La belle malice! Si ce sont là tes nouvelles, garde-les pour l'almanach de l'an passé.

— Voilà ce qui te trompe, c'est qu'il

n'est point allé à la ville pour rencontrer plus vite Catherine!

— Ah! et pour qui donc est-il allé à la ville?

— Il est allé à la ville pour mademoiselle Euphrosine.

— La fille du marchand de bois, la fille du maire, la fille de M. Raisin? Allons donc!

— Oui, pour la fille du marchand de bois; oui, pour la fille du maire; oui, pour la fille de M. Raisin!

— Tais-toi!

— Pourquoi ça?

— Tais-toi !

— Enfin...

— Mais tais-toi donc !

— Ah ! je n'ai jamais vu un homme pareil ! s'écria la mère Watrin en levant les bras au ciel d'une façon désespérée. Jamais raison !.,. Je fais ceci d'une façon : j'ai tort ! je le fais d'une autre : j'ai tort ! je parle : silence ! j'aurais dû me taire ! je me tais : bien ! j'aurais dû parler !... Mais Seigneur du bon Dieu ! pourquoi donc a-t-on une langue, si ce n'est pour dire ce que l'on a sur le cœur ?

— Mais il me semble, répondit le père Guillaume regardant sa femme d'un air narquois, que tu ne te prives pas de la faire aller, ta langue !

Et Guillaume, comme s'il eût su ce qu'il voulait savoir, se mit à bourrer sa pipe, tout en sifflotant un petit air de chasse qui avait pour but d'inviter poliment sa femme à laisser la conversation s'arrêter là.

Mais Marianne était de plus dure résistance.

— Eh bien ! continua-t-elle, si je te disais, moi, que c'est la jeune fille elle-même qui m'a parlé de ça la première.

— Quand ? demanda laconiquement Guillaume.

— Dimanche dernier, en sortant de la messe. Ah!

— Que t'a-t-elle dit?

— Elle m'a dit... Veux-tu m'écouter, oui ou non?

— Eh! je t'écoute!

— Elle m'a dit : « Savez-vous, madame Watrin, que M. Bernard est un garçon fort entreprenant? »

— Lui, Bernard?

— Je te dis ce qu'elle a dit... « Quand je passe, il me regarde, oh! mais que, si je n'avais pas un éventail, je ne saurais que faire de mes yeux. »

— T'a-t-elle dit que Bernard lui eût parlé?

— Non, elle ne m'a pas dit ça.

— Eh bien?

— Attends donc! Es-tu pressé, mon Dieu!... Mais elle a ajouté :

« Madame Watrin, nous irons vous faire une visite un de ces jours avec mon frère; mais tâchez que M. Bernard ne soit point là : je serais trop embarrassée, car, de mon côté, je le trouve très bien, votre fils! »

Oui, dit Guillaume en haussant les épaules, et ça te fait plaisir, à toi? Ça a caressé ton amour propre, qu'une belle demoiselle de la ville, la fille du maire, te dit qu'elle trouvait Bernard joli garçon?

— Mais sans doute!

— Et voilà que ta tête a battu la campagne, et que ton imagination a fait toutes sortes de plans là-dessus!

— Pourquoi pas?

— Et tu as vu Bernard le gendre de M. le maire!

— Dam! s'il épousait sa fille...

— Tiens, dit Guillaume, ôtant sa casquette d'une main, et saisissant, de l'autre, une poignée de ses cheveux gris comme s'il voulait les arracher, tiens, vois-tu, j'ai connu des bécasses, des oies, des grues qui étaient plus malines que toi !... Oh ! mon Dieu ! mon Dieu ! si ça ne fait pas mal d'entendre dire des choses pareilles ! Enfin, n'importe ! puisque je suis condamné à ça, faisons notre temps.

— Cependant, continua la mère, exactement comme si Guillaume n'eût rien dit, si j'ajoutais que M. Raisin lui-même m'a arrêtée, pas plus tard qu'hier, comme je revenais de faire mon marché, et m'a dit : « Madame Watrin, j'ai entendu parler de vos gibelottes, et j'irai un jour, sans façon, en manger avec vous et le père Guillaume. »

— Mais tu ne vois donc pas le motif de

tout ça? s'écria le vieux, tirant, ainsi que c'était son habitude quand il s'échauffait, des bouffées de fumée de sa pipe, et commençant à disparaître, comme Jupiter Tonnant, dans un nuage de vapeur.

— Non, répondit Marianne, ne comprenant pas que l'on pût voir dans les paroles qu'elle avait rapportées autre chose que ce qu'elles semblaient dire.

— Eh bien! je vais te l'expliquer, moi.

Et l'explication devant être longue, comme, dans toutes les circonstances solennelles, le père Guillaume ôta sa pipe de sa bouche, passa sa main derrière son dos, et, les dents plus serrées encore que d'habitude :

— C'est un malin, vois-tu, que M. le maire, moitié Normand, moitié Picard, qui a de l'honnêteté tout juste ce qu'il en faut pour ne pas être pendu. Eh bien! il espère qu'en te faisant parler de ton fils par sa fille, en te parlant lui-même de tes gibelottes, tu me tireras mon bonnet de coton jusque sur les yeux, de sorte que, s'il met à terre quelque hêtre, ou s'il abat quelque chêne qui ne soit pas de son lot, je n'y ferai point attention... Ah! mais pas de ça, monsieur le maire! Coupez les foins de votre commune pour nourrir vos chevaux, ça ne me regarde pas; mais vous aurez beau me faire tous les compliments que vous voudrez, vous n'abatterez pas dans votre lot un soliveau de plus qu'il ne ne vous en a été vendu!

Sans être vaincue, Marianne fit un mouvement de tête qui signifiait qu'il pouvait bien y avoir, au bout du compte, quelque chose de vrai dans ce que le vieux disait là.

— Soit! n'en parlons plus, alors, fit-elle avec un soupir; mais tu ne nieras pas, au moins, que le Parisien ne soit amoureux de Catherine?

— Allons! s'écria Guillaume faisant un geste comme pour briser sa pipe contre terre, voilà que nous tombons de fièvre en chaud mal!

— Pourquoi ça? demanda la mère.

— As-tu fini?

— Non.

— Tiens, fit Guillaume en mettant la main à son gousset, je t'achète un petit écu ce qui te reste à dire... à la condition que tu ne le diras pas!

— Enfin, as-tu quelque chose contre lui?

Guillaume tira de sa poche la pièce de monnaie.

— Le marché est-il fait? demanda-t-il.

— Un beau garçon! poursuivit la vieille avec cet entêtement dont François, en buvant à sa santé, lui avait souhaité de se corriger.

— Trop beau ! répondit Guillaume.

— Riche ! insista Marianne.

— Trop riche !

— Galant !

— Trop galant, morbleu ! trop galant ! Il pourrait lui en coûter le bout de ses oreilles, sinon ses oreilles tout entières, pour sa galanterie !

— Je ne te comprends pas.

— N'importe ! ça m'est bien égal : du moment où je me comprends, ça me suffit.

— Conviens, au moins, dit Marianne

en se retournant, que ce serait un beau parti pour Catherine.

— Pour Catherine? reprit le père; d'abord, rien n'est trop beau pour Catherine!

La vieille fit un mouvement de tête presque dédaigneux.

— Elle n'est cependant pas d'une défaite facile! dit-elle.

— Bon! voilà que tu vas dire qu'elle n'est pas belle?

— Jésus! s'écria la mère, elle est belle comme le jour!

— Qu'elle n'est pas sage?

— La Sainte Vierge n'est pas plus pure qu'elle !

— Qu'elle n'est pas riche ?

— Dame, avec la permission de Bernard, elle aura la moitié de ce que nous avons.

— Oh ! dit Guillaume riant de son rire silencieux, et tu peux être tranquille, Bernard ne refusera pas la permission !

— Non, dit la vieille secouant la tête, ce n'est point tout ça.

— Qu'est-ce que c'est donc, alors ?

— C'est l'histoire de la religion, dit Marianne avec un soupir.

— Ah ! oui, parce que Catherine est protestante comme son pauvre père... La même chanson, toujours !

— Dame ! il n'y a pas beaucoup de gens qui verront avec plaisir entrer une hérétique dans leur famille.

— Une hérétique comme Catherine ? Alors, moi, je suis tout le contraire des autres : je remercie chaque matin le bon Dieu qu'elle soit de la nôtre !

— Il n'y a pas de différence entre les hérétiques ! continua Marianne avec une assurance qui eût fait honneur à un théologien du seizième siècle.

— Ah ! tu sais ça ; toi?

— Dans son dernier sermon, que j'ai entendu Monseigneur l'évêque de Soissons a dit que tous les hérétiques étaient damnés!

— Eh ! je me moque de ce que dit l'évêque de Soissons comme de la cendre de ce tabac, dit Guillaume en cognant, pour le vider, son brûle-gueule sur l'ongle de son pouce. Est-ce que l'abbé Grégoire ne nous dit pas, lui, non-seulement dans son dernier sermon, mais encore dans tous ses sermons, que les bons cœurs sont élus ?

— Oui, reprit la vieille avec acharnement, mais l'évêque en doit savoir plus que lui, puisqu'il est évêque, et que l'abbé Grégoire n'est qu'abbé !

— Ah ! dit Guillaume, qui, pendant

ce temps, ayant débourré et rebourré sa pipe, paraissait désireux de la fumer tranquille et maintenant, as-tu dit tout ce que tu avais à dire?

— Oui, quoique ça n'empêche pas que je n'aime Catherine, vois-tu !

— Je le sais.

— Comme ma propre fille !

— Je n'en doute pas.

— Et que celui qui viendrait me dire du mal d'elle, ou qui essaierait de lui faire le moindre déplaisir, serait mal venu de moi !

— Bravo !... maintenant, un conseil, la mère !

— Lequel?

— Tu as assez parlé.

— Moi?

— Oui, c'est mon avis... Eh bien! ne parle plus que je ne te questionne... ou, mille millions de sacrements!...

— C'est parce que j'aime Catherine comme j'aime Bernard justement que j'ai fait ce que j'ai fait, continua la vieille, qui paraissait avoir, comme madame de Sévigné, gardé pour le *post-scriptum* ce qu'elle avait de plus intéressant à dire.

— Ah! morbleu! s'écria Guillaume presque effrayé, voilà que tu ne t'es pas contentée de dire? voilà que tu as fait?... Eh bien, voyons un peu ce que tu as fait!

Et Guillaume, réintégrant sa pipe, non allumée, mais bourrée jusqu'à la gueule, dans l'arcade dentaire qui lui servait de tenailles, se croisa les bras et attendit.

— Parce que, si Bernard pouvait épouser mademoiselle Euphrosine, et le Parisien, Catherine... continua la vieille, coupant, avec une science oratoire dont on l'eût crue incapable, la phrase sur un sens suspendu.

— Voyons, qu'as-tu fait? demanda Guillaume, qui semblait décidé à ne pas se laisser surprendre par les artifices du langage.

— Ce jour-là, continua Marianne, le père Guillaume serait forcé de reconnaître que je ne suis pas une bécasse, une oie sauvage, une grue !

— Oh ! quant à ça, je le reconnais tout de suite ; les bécasses, les oies sauvages et les grues sont des oiseaux de passage, tandis qu'il y a vingt-six ans que tu me fais enrager, printemps, été, automne et hiver !... Voyons, accouche ! Qu'as-tu fait ?

— J'ai dit à M. le maire, qui me complimentait sur mes gibelottes : « Eh bien ! monsieur le maire, c'est demain double fête à la maison : fête pour la fête de Corcy, de la paroisse duquel nous relevons ; fête pour le retour de ma nièce Catherine... Venez donc manger une gibelotte à la maison, avec mademoiselle Euphrosine et M. Louis Chollet; et, après le dîner, eh bien! s'il fait beau, nous irons tous ensemble faire un tour à la fête. »

— Ce qu'il a accepté, n'est-ce pas? dit Guillaume avec une crispation de mâchoires qui fit craquer le tuyau de son brûle-gueule et le diminua de deux centimètres.

— Sans fierté!

— Oh! vieille cigogne! s'écria le garde-chef avec désespoir; elle sait que je ne peux pas le voir, son maire; elle sait que je ne peux pas la sentir, sa bégueule d'Euphrosine; elle sait que je l'évente d'une lieue, son Parisien! Eh bien! elle les invite à dîner chez moi! Quand cela? un jour de fête!

— Enfin, dit la vieille, enchantée d'avoir avoué le méfait qui lui pesait sur le cœur, ils sont invités!

— Oui, ils sont invités! dit Guillaume rageant.

—On ne peut pas les désinviter, n'est-ce pas?

— Non, par malheur! Mais je sais quelqu'un qui digérera mal son dîner, ou plutôt qui ne le digérera pas du tout... Adieu!

— Où vas-tu? s'écria la vieille.

— J'ai entendu le fusil de François : je vas voir si le sanglier est mort.

— Vieux! fit Marianne d'un air suppliant.

— Non!

— Si j'ai eu tort...

Et la pauvre bonne femme joignit les mains.

— Tu as eu tort!

— Pardonne-moi, Guillaume, j'ai agi dans une bonne intention.

— Dans une bonne intention?

— Oui.

— De bonnes intentions, l'enfer en est pavé!

— Écoute donc !

— Laisse-moi tranquille, ou...

Et Guillaume leva la main.

— Oh! dit Marianne résolue, ça m'est bien égal! je ne veux pas que tu sortes ainsi ; je ne veux pas que tu me quittes en colère, vieux, à notre âge surtout, quand on se sépare, Dieu sait si l'on se revoit.

Et deux grosses larmes roulèrent sur les joues de Marianne.

Guillaume vit ces larmes. Les larmes étaient rares dans la maison du vieux garde-chef! Il haussa les épaules, et, faisant un pas vers sa femme :

— Grosse bête, avec ta colère! dit-il; je suis en colère contre le maire, et non contre ma vieille!

— Ah! fit la mère.

— Voyons, embrasse-moi, radoteuse! continua Guillaume en serrant sa vieille compagne sur sa poitrine, mais en levant la tête pour ne pas compromettre son brûle-gueule.

— C'est égal, murmura Marianne, qui, rassurée quant au fond, n'était pas fâchée d'épiloguer un peu sur le détail, tu m'as appelée vieille cigogne!

— Eh bien, après? dit Guillaume; est-ce que la cigogne n'est pas un oiseau de bon augure? Est-ce qu'elle ne porte pas bonheur aux maisons où elle fait son nid?... Eh bien ! tu as fait ton nid dans cette maison, et tu lui portes bonheur; voilà ce que je voulais dire.

— Tiens ! qu'est-ce que c'est que ça ?

En effet, le bruit d'une carriole, qui quittait le pavé de la route pour venir s'arrêter devant la porte de la Maison-Neuve distrayait l'oreille du vieux garde, en même temps que se faisait entendre une jeune et joyeuse voix qui criait :

— Papa Guillaume ! maman Marianne ! c'est moi ! me voilà !

Et, à ces mots, une belle jeune fille de

dix-neuf ans s'élançait du marche-pied de la carriole, et retombait sur le seuil de la maison.

— Catherine!... s'écrièrent ensemble le garde-chef et sa femme en s'avançant vers la nouvelle venue en lui tendant les bras.

IX

Le Retour.

C'était, en effet, Catherine Blum qui arrivait de Paris.

Ainsi que nous venons de le dire, Catherine était une belle jeune fille de dix-neuf ans, svelte et gracieuse comme un roseau, avec ce ravissant type de la douceur allemande empreint dans toute sa personne,

Ses cheveux blonds, ses yeux bleus, ses lèvres roses, ses dents blanches, le velouté de ses joues, en faisait une de ces nymphes bocagères que les Grecs appelaient Glycère ou Aglaë.

Des quatre bras qui lui étaient ouverts, ceux qu'elle choisit les premiers furent les bras du père Guillaume ; sans doute avait-elle compris que là était pour elle la sympathie la plus complète.

Puis, Marianne fut embrassée à son tour.

Pendant que la jeune fille embrassait sa mère adoptive, le père Guillaume regardait autour de lui ; il lui semblait impossible que Bernard ne fût point là puisque Catherine y était.

Il y eut un premier moment pendant lequel on n'entendit que ces mots entrecoupés qui échappent aux émotions réelles.

Mais, presque aussitôt, d'autres cris mêlés de fanfares se firent entendre : c'étaient François et ses camarades qui revenaient vainqueurs de cet autre sanglier de Calydon.

Le vieux garde balança un instant entre le désir d'embrasser une seconde fois sa nièce ou de lui demander de ses nouvelles, et la curiosité de voir l'animal, les cris et les fanfares ne lui permettant pas de douter que celui-ci ne fût sur le chemin du saloir.

Mais, juste au moment où, dans son hésitation, le père Guillaume penchait vers le sanglier, les chasseurs apparurent sur le seuil, et entrèrent portant la bête suspendue à un baliveau par ses quatre pattes liées.

Cette apparition fit une diversion momentanée à l'arrivée de Catherine, de la part de Guillaume et de Marianne, tandis que, au contraire, à la vue de la jeune fille, les chasseurs poussèrent un hourra en son honneur.

Mais, il faut le dire, le premier mouvement de curiosité passé, lorsque Guillaume eut examiné l'ancienne et la nouvelle blessure, lorsqu'il eut félicité François, qui, à soixante pas, avait roulé le vieux sanglier comme un lapin ; lorsque, enfin, il eut recommandé de mettre à part la fressure, et invité chaque garde à prendre, dans d'équitables proportions, une part de la bête, toute l'attention du garde-chef se reporta sur la nouvelle arrivante.

De son côté, François, enchanté de revoir Catherine, qu'il aimait de tout son cœur, et surtout de la revoir souriante, preuve certaine que rien de fâcheux n'était arrivé, de son côté, disons-nous, François déclara qu'il croyait avoir assez fait pour la société en tuant le sanglier, et que, afin de consacrer tout son temps à mademoiselle Catherine, il laissait à ses camarades le soin de dépecer le mort.

Il en résulta que la conversation, à peine engagée à l'arrivée de Catherine, reprit, dix minutes après cette arrivée, avec une volubilité que rendait plus bruyante la somme de curiosité qui s'était amassée pendant ces dix minutes.

Au reste, ce fut le père Guillaume qui remit un peu d'ordre dans l'interrogatoire.

Il s'était aperçu que Catherine arrivait, non pas par la route, mais par la laie de Fleury.

— Comment arrives-tu de si bonne heure et par la route de la Ferté-Milon, chère enfant? lui demanda-t-il.

François dressa l'oreille à cette question: elle lui apprenait une chose qu'il ignorait : c'est que Catherine n'était pas venue par la route de Gondreville.

— Oui, répéta Marianne, comment viens-tu par là, et arrives-tu à sept heures du matin, au lieu d'arriver à dix ?

— Je vais vous dire cela, père chéri ; je vais vous dire cela, bonne mère, répondit la jeune fille. C'est que, au lieu de venir par la diligence de Villers-Cotterêts, je suis venue par celle de Meaux et de la Ferté-Milon, qui part à cinq heures de Paris, au lieu de partir à dix comme l'autre.

— Ah! bon! murmura François avec une satisfaction visible, il en aura été pour ses frais de tilbury, le Parisien !

— Et pourquoi as-tu pris ce chemin-là ? demanda Guillaume, qui n'admettait pas qu'on quittât la ligne droite pour la ligne courbe, et que l'on fît quatre lieues de trop sans nécessité.

— Mais, dit Catherine en rougissant de son mensonge, si innocent qu'il fût, parce qu'il n'y avait pas de place à la diligence de Villers-Cotterêts.

— Oui, dit François à voix basse, et une idée dont te remerciera Bernard, bel ange du bon Dieu !

— Mais regarde-la donc ! s'écria la mère Watrin passant de l'ensemble aux détails ; elle est grandie de toute la tête !

— Et pourquoi pas du cou avec? dit Guillaume en haussant les épaules.

— Oh! d'ailleurs, insista la mère Watrin avec cet entêtement si naturel à son caractère, qu'elle l'appliquait aux petites comme aux grandes choses, c'est bien facile à vérifier : quand elle est partie, je l'ai mesurée... la marque est contre le chambranle de la porte... Tiens, la voilà! je la regardais tous les jours... Viens voir, Catherine!

— Nous n'avons donc pas oublié le pauvre vieux? dit Guillaume retenant Catherine pour l'embrasser.

— Oh! pouvez-vous demander cela, père chéri? s'écria la jeune fille.

— Mais viens donc voir ta marque, Catherine ! insista la vieille.

— Ah ça ! dit Guillaume en frappant la terre du pied, te tairas-tu là-bas, avec tes bêtises ?

— Ah bien ! oui, murmura François, qui connaissait par cœur la mère Watrin, prenez garde qu'elle se taise !

— Suis-je donc, en effet, si fort grandie ? demanda Catherine au père Guillaume.

— Viens à la porte, et tu verras, dit la mère Watrin.

— Satanée entêtée ! s'écria le vieux garde-chef, elle n'en démordra pas !...

Allons, vas-y, à la porte, Catherine, ou nous n'aurons pas la paix de toute la journée !

Catherine alla à la porte en souriant, et se plaça contre *sa marque* qui disparut derrière le haut de sa tête.

— Eh bien ! quand je disais, s'écria la mère Watrin triomphante ; plus d'un pouce !

— Ça ne fait pas tout à fait la tête, mais n'importe ?

Et, comme Catherine, heureuse d'avoir donné satisfaction à sa tante, revenait près de Guillaume :

— Alors, tu as voyagé toute la nuit ? lui demanda celui-ci.

— Toute la nuit, oui, père! répondit la jeune fille.

— Oh! mais, dans ce cas, s'écria Marianne, pauvre enfant, tu dois être écrasée de fatigue! tu dois mourir de faim!... Que veux-tu? du café, du vin, un bouillon? Tiens, du café, ça vaudra mieux... je vas aller te le faire moi-même. — Allons, bon.

La mère Watrin fouilla dans toutes ses poches.

— Où sont donc mes clefs?... Voilà que je ne sais plus ce que j'ai fait de mes clefs... Voilà que mes clefs sont perdues? Où donc ai-je mis mes clefs? Attends! attends!

— Mais quand je vous dis, chère mère, que je n'ai besoin de rien !

— Besoin de rien, après une nuit passée en diligence et en carriole? Oh! si je savais seulement où sont mes clefs !

Et la mère Watrin retourna ses poches avec une espèce de fureur.

— Mais inutile ! dit Catherine.

— Ah! voilà mes clefs! s'écria Marianne. Inutile? Je sais mieux ça que toi, peut-être : quand on voyage, et surtout la nuit, le matin, on a besoin de se refaire. La nuit n'est l'amie de personne ! Avec ça qu'elles sont toujours fraîches, les nuits... Et rien de chaud encore sur l'estomac à huit heures du matin! Tu vas avoir ton café à la minute, mon enfant, tu vas l'avoir.

Et la bonne vieille femme sortit tout courant.

— Enfin! dit Guillaume en l'accompagnant du regard, morbleu! elle a un fier moulin pour le moudre, son café, la mère, si c'est le même qui lui sert à moudre ses paroles.

— Oh! mon bon cher petit père! dit Catherine se laissant aller à sa tendresse pour le vieux garde-chef sans craindre désormois d'éveiller la jalousie de sa femme, imaginez-vous que ce maudit postillon m'a gâté toute ma joie en allant au pas, et en mettant trois heures pour venir de la Ferté-Milon ici !

— Et quelle joie voulais-tu donc te donner ou plutôt nous donner, chère petite ?

— Je voulais arriver à six heures du matin, descendre à la cuisine sans rien dire, et, quand vous auriez crié : « Femme, mon déjeûner ! » c'est moi qui l'eusse apporté, et qui vous eusse dit à la manière d'autrefois : « Le voici, petit père ! »

— Oh ! tu voulais faire cela, enfant du bon Dieu ? dit le père Guillaume. Laisse-moi t'embrasser comme si tu l'eusses fait... Oh ! l'animal de postillon ! il ne faudra pas lui donner de pour-boire !

— Je l'avais dit comme vous ; mais, par malheur, c'est fait !

— Comment, c'est fait ?

— Oui, quand j'ai vu la chère maison de ma jeunesse qui blanchissait le long de la grande route, j'ai tout oublié ; j'ai tiré cent sous de ma poche, et j'ai dit à mon conducteur : « Tenez, voici pour vous, mon ami, et que Dieu vous bénisse ! »

— Chère enfant ! chère enfant !! chère enfant !!! s'écria Guillaume.

— Mais, dites-moi, père, fit Catherine, qui, depuis qu'elle était arrivée, avait cherché quelqu'un des yeux, et qui n'avait pas le courage de se contenter plus longtemps de cette muette et stérile investigation.

— Oui, n'est-ce pas? demanda Guillaume, comprenant la cause de l'inquiétude de la jeune fille.

— Il me semble... murmura Catherine.

— Que celui qui aurait dû être ici avant tous les autres y a manqué! dit le père Guillaume.

— Bernard !

— Oui, mais sois tranquille, il était là tout à l'heure, et ne saurait être loin... Je vais courir jusqu'au Sauf-du-Cerf ; de là, je verrai à une demi-lieue sur la route, et, si je l'aperçois, je lui ferai signe.

— Alors, vous ne savez plus où il est?

— Non, dit Guillaume; mais, s'il est à un quart de lieue aux environs, il reconnaîtra ma manière de l'appeler.

Et le père Guillaume, qui ne concevait pas plus que Catherine que Bernard ne fût point là, sortit de la maison, et, de son pas le plus rapide, s'avança, comme il l'avait dit, vers le Saut-du-Cerf.

Restée seule avec François, Catherine s'approcha du jeune homme, qui, ainsi qu'on l'a vu, était demeuré à peu près silencieux pendant la scène précédente, et le regardant de manière à lire jusqu'au fond de son cœur, s'il essayait de lui cacher quelque chose.

— Et toi, François, lui demanda-t-elle, sais-tu où il est?

— Oui, répondit François des lèvres et de la tête tout à la fois.

— Eh bien! où est-il?

— Sur la route de Gondreville, dit François.

— Sur la route de Gondreville? s'écria Catherine. Mon Dieu!

— Oui, continua François en accentuant

ses paroles pour leur donner toute l'importance qu'elles avaient réellement, il est allé au-devant de vous.

— Mon Dieu ! répéta Catherine avec une émotion croissante, je vous remercie, c'est vous qui m'avez inspiré de revenir par la Ferté-Milon, au lieu de revenir par Villers-Cotterêts !

— Chut ! voici la mère qui rentre, dit François. — Bon, elle a oublié son sucre !

— Tant mieux ! s'écria Catherine.

Puis, jetant un regard sur la mère Watrin, qui, après avoir posé son café sur le rebord du buffet de noyer, s'éloignait rapidement pour aller, comme l'avait dit

François, chercher son sucre, elle s'approcha du jeune homme, et, lui prenant la main :

— François, dit-elle, mon ami, une grâce !

— Une grâce ? Dix, vingt, trente, quarante ! A vos ordres, la nuit comme le jour !

— Eh bien ! mon cher François, va au devant de lui, et préviens-le que je suis arrivée par la route de la Ferté-Milon.

— Voilà tout ? s'écria François.

Et il prit son élan pour sortir tout courant par la porte de la grande route

Mais Catherine l'arrêta en souriant :

— Non, point par là ! dit-elle.

— Vous avez raison, et c'est moi qui suis une bête ! Père bougon me verrait, et il me demanderait : « Où vas-tu ? »

Et, au lieu de sortir par la porte donnant sur la grande route, François sauta par la fenêtre donnant sur la forêt.

Il était temps : Marianne rentrait avec son sucre.

— Ah ! dit François, ce coup-ci, voilà la mère !

Et, faisant un dernier signe à Catherine avant de disparaître sous les arbres :

— Soyez tranquille, dit-il, mademoiselle Catherine, je vous le ramène!

En effet, la mère Watrin rentrait, sucrait son café, comme elle eût fait pour un enfant, et, le présentant à Catherine :

— Tiens, prends-moi ton café, dit-elle; attends, il est trop chaud peut-être... je vais souffler dessus.

— Merci, maman! dit Catherine souriant et prenant la tasse; je vous assure que, depuis que je vous ai quittée, j'ai appris à souffler moi-même sur mon café.

Marianne regarda Catherine avec une tendresse mêlée d'admiration, en joignant les mains et en secouant joyeusement la tête.

Puis, après un instant de contemplation :

— Est-ce que ça t'a coûté beaucoup, de dire adieu à la grande ville?

Oh! mon Dieu, non! je n'y connais personne.

— Eh quoi! tu n'as pas regretté les beaux messieurs, les spectacles, les promenades?

— Je n'ai rien regretté, bonne mère.

— Tu n'aimais donc personne là-bas?

— Là bas?...

— A Paris?

— A Paris? Non, personne!

— Tant mieux! fit la vieille poursuivant son idée, si mal accueillie, une heure auparavant par Guillaume, car j'ai, moi, une idée pour ton établissement.

— Pour mon établissement?

— Oui, tu sais, Bernard...

— Oh! bonne chère mère! s'écria Catherine toute joyeuse, et se trompant à ce début.

— Eh bien! Bernard...

— Bernard? répéta Catherine avec un commencement de crainte.

— Eh bien, continua la mère confidentiellement, Bernard aime mademoiselle Euphrosine!

Catherine jeta un cri, et, devenant affreusement pâle :

— Bernard, balbutia-t-elle d'une voix tremblante, Bernard aime mademoiselle Euphrosine?... Mon Dieu! mon Dieu! que me dites-vous là, maman?

Et, posant sur la table sa tasse de café à peine effleurée, elle tomba sur une chaise.

Quand la mère Watrin poursuivait une idée, elle avait la myopie volontaire des gens entêtés, c'est-à-dire qu'elle ne voyait que son idée.

— Oui, continua-t-elle, Bernard aime mademoiselle Euphrosine, et, elle aussi, elle aime Bernard, si bien qu'il n'y a qu'à dire : « Je consens, » et ce sera une affaire faite !

Catherine passa, avec un soupir, son mouchoir sur son front ruisselant de sueur.

— Seulement, continua la mère, le vieux ne veut pas, lui.

— Ah! vraiment? murmura Catherine se reprenant en quelque sorte à la vie.

— Oui, il soutient que ce n'est pas vrai, que je suis aveugle comme une taupe, et que Bernard n'aime pas mademoiselle Euphrosine.

— Ah! fit Catherine respirant avec un peu plus de liberté.

— Oui, il soutient ça... il dit qu'il en est sûr.

— Mon cher oncle! murmura Catherine.

— Mais te voilà, Dieu merci! mon enfant, et tu m'aideras à le persuader.

— Moi?

— Et, quand tu te marieras, continua la mère en manière d'avis, tâche toujours de maintenir ton autorité sur ton mari, ou, sinon, il t'arrivera ce qui m'arrive.

— Ce qui vous arrive?

— Oui... c'est-à-dire que tu ne compteras plus pour rien dans la maison.

— Ma mère, dit Catherine en levant les yeux au ciel avec une indicible expression de prière, à la fin de ma vie, je dirai que Dieu m'a comblée de bienfaits, s'il m'a donné une existence semblable à la vôtre.

— Oh! oh!

— Ne vous plaignez pas, mon Dieu! mon oncle vous aime tant!

— Certainement qu'il m'aime, répondit la vieille embarrassée; mais...

— Pas de *mais*, ma bonne tante! Vous l'aimez, il vous aime; le ciel a permis que vous fussiez unis : le bonheur de la vie est dans ces deux mots!

Et Catherine se leva et fit un pas vers l'escalier.

— Où vas-tu? demanda la mère.

— Je remonte dans ma petite chambre, dit Catherine.

— Ah! oui, c'est vrai, nous attendons du monde, et tu vas te faire belle, coquette!

— Du monde?

— Oui... M. Raisin, mademoiselle Euphrosine, M. Louis Chollet, le Parisien.. Il me semble que tu le connais?

Et la mère accompagna cette dernière phrase d'un malin sourire en ajoutant :

— Fais-toi belle! fais-toi belle ! mon enfant!

Mais Catherine secoua tristement la tête.

— Oh ! Dieu sait que ce n'est pas pour cela que je remonte, dit-elle.

— Et pourquoi remontes-tu donc?
— C'est que ma chambre donne sur la route par laquelle Bernard doit revenir, et que Bernard est le seul qui ne m'ait pas encore souhaité ma bienvenue dans cette chère maison.

Et Catherine monta lentement l'escalier rampant le long de la muraille, et dont les marches de bois craquaient sous ses pieds, si légers et si mignons qu'ils fussent.

Au moment où elle rentrait dans sa chambre, un long soupir sorti de son cœur vint frapper l'oreille de Marianne, qui, la regardant avec étonnement, sembla commencer dès lors seulement à entrevoir la vérité.

Sans doute la mère Watrin, dont l'esprit ne passait pas facilement d'une idée à une autre, fût restée absorbée dans la recherche du point lumineux qui naissait au fond de son cerveau, si une voix ne se fût fait entendre derrière elle.

— Eh! dites donc! mère Watrin! articulait cette voix.

Marianne se retourna et reconnut Mathieu, vêtu d'une méchante redingote qui avait la prétention d'avoir été autrefois une livrée.

— Ah! c'est toi, mauvais sujet? dit-elle.

— Merci! dit Mathieu en ôtant son chapeau sur lequel noircissait un vieux galon d'or faux; seulement, faites attention qu'à compter d'aujourd'hui je remplace le vieux Pierre, et suis au service de M. le maire: or, c'est insulter M. le maire que de m'insulter!

— Bon! te voilà... Et que viens-tu faire?

— Je viens en coureur, — on n'a pas encore eu le temps de me faire dérater, voilà pourquoi je m'essouffle, — je viens en coureur vous annoncer que mademoiselle Euphrosine et son papa arrivent à l'instant même en calèche.

— En calèche? s'écria la vieille, tout éblouie de recevoir la visite de gens qui arrivaient en calèche.

— Oui, en calèche, rien que ça!

— Mon Dieu! s'écria la mère Watrin, et où sont-ils?

— Le papa et M. Guillaume causent ensemble de leurs affaires.

— Et mademoiselle Euphrosine?

— Tenez, dit Mathieu, la voilà!

Et, entrant dans son rôle de domestique:

— Mademoiselle Euphrosine Raisin, annonça-t-il, fille de M. le maire!

X

Mademoiselle Euphrosine Raisin.

La jeune fille que précédait cette pompeuse annonce entra majestueusement dans la maison du vieux garde-chef, n'ayant pas l'air de douter un instant du grand honneur qu'elle faisait à cette pauvre maison en franchissant son humble seuil.

Il était incontestable qu'elle était belle, mais de cette beauté peu sympatique qui est faite d'un mélange d'orgueil et de vulgarité pétris avec cette fraîcheur de la jeunesse que les gens du peuple intitulent si justement *la beauté du diable*.

Elle était mise avec cette exagération d'ornements qui indique l'élégante provinciale.

Elle entra, jeta un regard autour d'elle, cherchant évidemment deux personnes absentes : — Bernard et Catherine.

La mère Watrin demeura comme ravie de cette beauté solaire qui apparaissait, à neuf heures du matin, aussi parée qu'elle l'eût été, le soir, dans un bal, à la lumière de cinq cents bougies !

Puis, se précipitant sur une chaise

qu'elle poussa du côté de la belle visiteuse :

— Oh! ma chère demoiselle! s'écria-t-elle.

— Bonjour, chère madame Watrin, répondit d'un air protecteur mademoiselle Euphrosine, en faisant signe qu'elle resterait debout.

— Comment! c'est vous! continua la mère, vous dans notre pauvre petite maison!... Mais asseyez-vous donc.... Dame! les chaises ne sont pas rembourrées comme chez vous. N'importe! asseyez-vous toujours, je vous en prie!.. Et moi qui ne suis pas habillée! Dame! je ne m'attendais pas à vous voir si matin!

— Vous nous excuserez, répondit Euphrosine, ma chère madame Watrin, mais on est toujours pressé de voir les gens que l'on aime.

— Oh! vous êtes bien bonne!.. En vérité, je suis toute honteuse!

— Bah! dit mademoiselle Euphrosine en écartant sa mante et en laissant voir une toilette de cour, vous savez que je ne tiens pas à la cérémonie, et moi-même, vous voyez!

— Je vois, dit la mère Watrin éblouie que vous êtes belle comme un ange et parée comme une châsse,.. mais ce n'est point ma faute si je suis en retard : c'est que la fillette nous est arrivée ce matin de Paris.

— N'est-ce point de votre nièce, de la petite Catherine, que vous voulez parler?

demanda négligemment mademoiselle Euphrosine.

— Oui, d'elle-même... mais nous nous trompons en l'appelant, moi, *la fillette*, et vous, *la petite Catherine* : c'est véritablement une grande fille, et qui a la tête de plus que moi !

— Ah ! tant mieux ! fit mademoille Euphrosine, je l'aime beaucoup votre nièce !

— Bien de l'honneur pour elle, mademoiselle ! répondit la mère Watrin en faisant la révérence.

— Quel mauvais temps ! continua la jeune citadine, en passant d'un sujet à un autre, comme il convenait à un esprit aussi élevé que le sien, — comprenez-vous pour un jour de mai !

Puis, en manière de phrase incidente :

— A propos, continua-t-elle, où est donc M. Bernard ? A la chasse, probablement. N'ai-je pas entendu dire que l'inspecteur avait bien voulu vous accorder la permission de tuer un sanglier à l'occasion de la fête de Corcy ?

— Oui, et aussi du retour de Catherine.

— Ah! vous croyez que l'inspecteur s'est inquiété de ce retour ?

Et mademoiselle Euphrosine fit une petite moue qui voulait dire : « Il faut que son inspection ne l'occupe pas beaucoup pour qu'il ait le temps de songer à de pareilles niaiseries ! »

La vieille sentit instinctivement le mauvais vouloir de mademoiselle Euphrosine, et, se raccrochant au côté de la conversation qu'elle devinait lui être le plus agréable :

— Bernard, disiez-vous? Vous demandiez où est Bernard? En vérité, je n'en sais rien! Il devrait être ici, puisque vous y êtes... Sais-tu où il est, toi, Mathieu?

— Moi? répondit Mathieu; et comment voulez-vous que je sache ça?

— Mais il est sans doute près de sa cousine! dit aigrement mademoiselle Euphrosine.

— Oh! non, non, non! fit vivement la vieille.

— Et... est-elle embellie, votre nièce? demanda mademoiselle Raisin.

— Ma nièce?

— Oui.

— Embellie?

— Je vous le demande.

— Elle est... elle est gentille, répondit la mère Watrin embarrassée.

— Je suis enchantée qu'elle soit revenue, continua mademoiselle Euphrosine reprenant ses airs protecteurs. Pourvu que Paris ne lui ait pas donné des habitudes au-dessus de sa position !

— Oh ! non, il n'y a pas de danger ! Vous savez qu'elle était à Paris pour y apprendre l'état de lingère et de faiseuse de modes ?

— Et vous croyez qu'elle n'aura pas appris autre chose à Paris ? Tant mieux !... mais qu'avez-vous donc, madame Watrin? vous semblez inquiète !

— Oh! ne faites pas attention, mademoiselle... Cependant, si vous le permettiez, j'appellerais Catherine, qui vous tiendrait compagnie tandis que j'irais...

Et madame Watrin jeta un coup d'œil désespéré sur son humble costume, qui était celui de tous les jours.

— Faites comme vous voudrez, répondit mademoiselle Euphrosine avec un laisser-aller plein de dignité. Quant à moi, je serai charmée de la voir, cette chère petite.

A peine la mère Watrin eut-elle reçu cette permission, que, se tournant vers l'escalier :

— Catherine ! Catherine ! cria-t-elle, descends vite, mon enfant ! descends !... C'est mademoiselle Euphrosine qui est là.

Catherine parut à l'instant même sur le palier.

— Descends, mon enfant ! descends ! dit la mère Watrin.

Catherine descendit silencieuse.

— Maintenant, mademoiselle, vous permettez? demanda Marianne en se tournant vers la fille du maire.

— Comment donc! allez ! allez !

Et jetant à la dérobée un coup d'œil sur Catherine, tandis que la vieille se retirait en faisant force révérences :

— Mais, ajouta tout bas mademoiselle Euphrosine en fronçant le sourcil, elle est plus que gentille, cette petite ! Que disait donc la mère Watrin?

Catherine, pendant ce temps, s'avançait sans embarras ni sans modestie affectée, et, s'arrêtant devant mademoiselle Euphrosine, qui la regardait de son air le plus digne :

— Pardon! mademoiselle, dit-elle avec

une simplicité parfaite, mais j'ignorais que vous fussiez ici ; sans quoi, je me serais empressée de descendre, et de vous présenter mes hommages.

— Oh ! murmura mademoiselle Euphrosine se parlant à elle-même, et néanmoins se parlant assez haut pour que Catherine ne perdît pas un mot de son monologue, *que vous fussiez... empressée de descendre... présenter mes hommages...* Mais, en vérité, c'est tout à fait une Parisienne, et il faudra la marier avec M. Chollet ; les deux feront la paire.

Puis, se tournant vers Catherine :

— Mademoiselle, dit-elle d'un air goguenard, j'ai bien l'honneur de vous saluer.

— Ma tante a-t-elle songé à s'informer si

vous aviez besoin de quelque chose, mademoiselle? demanda Catherine sans paraître s'apercevoir le moins du monde de l'intention malveillante que la fille du maire avait mise dans ses paroles.

— Oui, mademoiselle, mais je n'avais besoin de rien.

Puis, ayant l'air de faire cesser ces relations d'égale à égale :

— Avez-vous apporté de nouveaux patrons de Paris? demanda-t-elle.

— J'ai essayé, dans le mois qui a précédé mon retour, de réunir ce qu'il y avait de plus nouveau, oui, mademoiselle.

— Vous avez appris à faire des bonnets, là-bas?

— Des bonnets et des chapeaux.

— Chez qui étiez-vous? Chez madame

Baudrand ou chez madame Barenne?

— J'étais dans une maison plus modeste, mademoiselle; mais j'espère, cependant, n'en pas savoir plus mal mon état.

— C'est ce que nous verrons, répondit mademoiselle Euphrosine de son air protecteur; aussitôt que vous serez installée dans votre magasin de la place de la Fontaine, je vous enverrai quelques vieux bonnets à refaire, et un chapeau de l'an dernier à retoucher.

— Merci, mademoiselle! dit en s'inclinant Catherine.

Mais, tout à coup, la jeune fille redressa la tête, écouta et tressaillit.

Il lui semblait avoir entendu prononcer son nom.

En effet, une voix bien connue de son cœur criait du dehors, et tout en se rapprochant avec rapidité :

— Catherine !... où est donc Catherine ?

En même temps, couvert de poussière, le front ruisselant de sueur, Bernard s'élançait dans la chambre.

— Ah ! cria-t-il en apercevant Catherine, avec l'accent d'un homme longtemps submergé qui revient sur l'eau et reprend sa respiration, ah ! mon Dieu ! c'est donc toi ! .. Enfin ! enfin !

Et il tomba sur une chaise, tout en tenant les mains de la jeune fille.

— Bernard ! cher Bernard ! s'écria Catherine en lui présentant ses joues.

Au cri jeté par son fils, la mère Watrin

était entrée, et, en voyant, d'un côté, mademoiselle Euphrosine seule, debout, la figure crispée, et, de l'autre, ce groupe isolé du monde et tout entier à son bonheur, elle avait compris son erreur à l'égard des sentiments amoureux de son fils pour mademoiselle Raisin, et, toute blessée de voir sa perspicacité si complétement mise en défaut :

— Eh bien ! Bernard ! s'écria-t-elle, eh bien ! est-ce donc là une manière de vivre ?

Mais lui, sans écouter sa mère, et sans s'apercevoir de la présence de mademoiselle Euphrosine :

— Ah ! Catherine, dit-il, si tu savais ce que j'ai souffert, va ! Je croyais... j'ai craint... mais rien, te voilà ! Tu as pris par

Meaux et la Ferté-Milon, n'est-ce pas? Je sais cela, François me l'a dit, de sorte que tu as voyagé toute la nuit, et fait trois lieues en carriole! Pauvre chère enfant! ah! que je suis donc content, que je suis donc heureux de te revoir!

— Mais! garçon, mais, garçon! répéta la mère avec indignation, tu ne fais donc pas attention à mademoiselle Euphrosine?

— Ah! pardon! dit Bernard, levant sa tête étonnée du côté de la jeune fille, c'est vrai... excusez-moi : je ne vous voyais pas... Votre serviteur !

— Puis, revenant à Catherine :

— Est-elle grande! est-elle belle! Mais regardez donc, ma mère! regardez donc!

— Avez-vous fait bonne chasse, monsieur Bernard? demanda Euphrosine.

La voix parvint à l'oreille de Bernard comme un son vague dont il parvint, cependant, à saisir le sens.

— Moi? non... oui... si... je ne sais pas, dit-il, qui est-ce qui a chassé?.. Tenez, excusez-moi, je perds la tête, tant je suis joyeux! J'ai été au-devant de Catherine, voilà ce que j'ai fait!

— Et vous ne l'avez pas rencontrée, à ce qu'il paraît? répliqua Euphrosine.

— Non, par bonheur! s'écria Bernard.

— Par bonheur?

— Oh! oui, oui... Cette fois je sais ce que je dis!

— Si vous savez ce que vous dites, monsieur Bernard, reprit Euphrosine en étendant le bras, comme pour chercher un appui, moi, je ne sais ce que j'ai... je ne me trouve pas bien!

Mais Bernard était si occupé de Catherine ; elle lui souriait si tendrement ; elle le remerciait par de si doux serrements de main de cette agitation dont il venait de donner des preuves, qu'il n'entendit point ce que disait Euphrosine, et ne vit point sa pâleur et son tremblement vrais ou supposés.

Il n'en fut pas de même de la mère Watrin, qui ne perdait pas de vue mademoiselle Euphrosine.

— Mon Dieu ! mon Dieu ! Bernard ! s'écria-t-elle, n'entends-tu pas que mademoiselle ne se trouve pas bien?

— Oh ! oui, sans doute, dit Bernard, il fait trop chaud ici !... Mère, donne le bras à mademoiselle Euphrosine, et toi, François, porte un fauteuil dehors.

— Voilà le fauteuil demandé! dit François.

— Non, non; dit Euphrosine, cela ne sera rien.

— Oh! si fait! insista la mère Watrin; vous êtes toute pâle, chère demoiselle, et l'on dirait que vous allez vous évanouir!

— C'est de l'air, dit Bernard, de l'air qu'il faut à mademoiselle!

— Si, au moins, vous me donniez le bras, monsieur Bernard, dit Euphrosine d'un air languissant.

Bernard vit qu'il n'y avait point à reculer.

— Comment donc, mademoiselle? dit-il, avec le plus grand plaisir!

Et tout bas à Catherine :

— Reste là, je reviens!

— Puis, prenant Euphrosine par le bras et l'entraînant plus vite que son apparente faiblesse ne semblait le permettre.

— Venez, mademoiselle, venez! dit-il, tandis que François, obéissant de son côté à l'ordre reçu, les suivait en disant:

— Voilà le fauteuil!

Et que la mère Watrin ajoutait:

— Et du vinaigre pour vous frotter les tempes.

Catherine resta seule.

Ce qui venait de se passer, l'empressement réel de Bernard, le feint évanouissement d'Euphrosine, avaient parlé plus clair à ses yeux et surtout à son cœur que n'eussent pu le faire toutes les explications et tout les serments du monde.

— Ah! maintenant, dit-elle, mère Marianne peut me dire tout ce qu'elle voudra, je suis bien tranquille!

A peine achevait-elle ces mots, que Bernard rentrait et se jetait à ses genoux. En même temps, François, tirant la porte du dehors, les isolait avec leur amour et leur bonheur.

— Oh! Catherine, s'écriait Bernard en embrassant les genoux de la jeune fille, que je t'aime! que je suis heureux!..

Catherine abaissa sa tête; les yeux des deux jeunes gens disaient si bien tous ce qu'ils avaient à dire, que sans prononcer une seule parole, leurs haleines se confondirent et leurs lèvres se touchèrent.

Leurs deux poitrines jetèrent ensemble deux cris de joie qui n'en firent qu'un seul, et ils demeurèrent, le regard voilé, plongés dans un si doux ravissement, qu'ils ne virent pas la tête haineuse de Mathieu qui s'allongeait par la porte entr'ouverte de la cuisine, et n'entendirent pas sa voix stridente qui murmurait :

— Ah! monsieur Bernard, vous m'avez donné un soufflet; ce soufflet-là vous coûtera cher!..

FIN DU PREMIER VOLUME.

TABLE.

Chap. I. Avant le récit 1
II. La Maison-Neuve du chemin de Soissons. . 39
III. Mathieu Goguelue. 69
IV L'oiseau de mauvais augure. 113
V. Catherine Blum. 143
VI. Le Parisien 175
VII. Jalousie. 204
VIII. Le Père et la Mère 229
IX. Le retour 263
X. Mademoiselle Euphrosine Raisin 297

Sceaux, impr. de E. Dépée.

LA COMTESSE DE CHARNY

Suite d'ANGE PITOU et complément des MÉMOIRES D'UN MÉDECIN.

PAR ALEXANDRE DUMAS.

Ouvrage inédit et terminé — 15 volumes.

LE PASTEUR D'ASHBOURN

Par LE MÊME — *Ouvrage terminé* — 8 volumes

OLYMPE DE CLÈVES

Par LE MÊME — 9 volumes

CONSCIENCE

Par LE MÊME — 5 volumes

UNE VIE ARTISTE

Par LE MÊME — 2 vol in 8

CATHERINE BLUM

Par LE MÊME — 2 vol in 8

VIE ET AVENTURES DE LA PRINCESSE DE MONACO

Par LE MÊME — 3 volumes

www.ingramcontent.com/pod-product-compliance
Lightning Source LLC
Chambersburg PA
CBHW060500170426
43199CB00011B/1280